MUITO ALÉM DO VOO

MARA LUQUET
RUY MARRA

MUITO ALÉM DO VOO

BEM-ESTAR E NEUROTECNOLOGIA A SERVIÇO DO SEU **CORPO E MENTE**

Letras & Lucros
LeYa

Este livro foi revisado segundo o Novo Acordo Ortográfico da Língua Portuguesa.

Preparação
Marília Lamas

Revisão
Fernanda Mello

Capa e projeto gráfico
Cuca Design

Diagramação
Filigrana

CIP-BRASIL. CATALOGAÇÃO-NA-FONTE
SINDICATO NACIONAL DOS EDITORES DE LIVROS, RJ

L987m
Luquet, Mara, 1965-
Muito além do voo / Mara Luquet , Ruy Marra. - 1. ed. - São Paulo:
LeYa, 2015.
il.
Inclui bibliografia

ISBN 978-85-7734-598-4
1. Autorrealização (Psicologia) 2. Medo. I. Marra, Ruy. II. Título.

15-26274 CDD: 158.1
CDU: 159.947

LEYA EDITORA LTDA.
Av. Angélica, 2318 – 13º andar
01228-200 – São Paulo – SP
www.leya.com.br

SUMÁRIO

PARA AQUELE QUE NOS INSPIRA O VERDADEIRO CAMINHO PARA O BEM-ESTAR,
PARA OS CIENTISTAS E OS SÁBIOS, OS ANCESTRAIS E OS ANTEPASSADOS,
E PARA TODOS VOCÊS.

PREFÁCIO

SÃO CONRADO NÃO É APENAS UM BAIRRO DE PASSAGEM. COM A COMBINAÇÃO DA MATA ATLÂNTICA COM O MAR E O CONTRASTE DOS PRÉDIOS LUXUOSOS COM A MAIOR FAVELA DA CIDADE, ELE TEM UMA DAS VISTAS MAIS LINDAS DA CIDADE E RESUME BEM O QUE É O RIO DE JANEIRO.

Contemplar essas imagens em meio ao trânsito desenfreado da autoestrada que corta o bairro é um privilégio. Ver todo esse cenário do alto da Floresta da Tijuca é ainda melhor. Mas fazer isso voando numa asa-delta é uma experiência apenas para aventureiros e corajosos.

Em *Muito além do voo*, Mara Luquet e Ruy Marra mostram que o que para uns é apenas esporte para outros se torna símbolo do controle da emoção e do medo diante das conquistas da vida profissional e pessoal.

A união dos dois neste projeto não foi um acaso, e vai além da semelhança do nome de um com o sobrenome do outro. Eles se complementam.

A ideia do convite para Mara participar de uma reportagem comigo, para o *GloboNews em Pauta*, voando de asa-delta, veio depois da negativa de outro comentarista. Era para ser. A irreverência, alegria e ousadia profissional dela combinavam perfeitamente com o astral do passeio.

Para ser sincero, pensei que ela fosse recusar. Mas, pelo contrário, aceitou na hora e, mesmo assustada com o desafio, foi se informar, ler e estudar bastante sobre o esporte.

Quando Mara topou enfrentar o desafio, o nome do Ruy já havia sido citado pela comentarista do *Em Pauta* Sandra Coutinho. Ele era "o cara", disse ela.

De fato, mais que um piloto, ele é um vencedor que associou o prazer da profissão à busca por explicações para as reações que fazem muitas pessoas desistirem ou frearem no meio de uma corrida na rampa, mesmo que isso as impeça de alcançar uma sensação de prazer e satisfação.

Com a impulsividade da Mara e a serenidade do Marra, este livro mostra que é possível, sim, superarmos o medo que nos paralisa muitas vezes: o medo da mudança.

Com trechos de pesquisas e depoimentos de especialistas, o também neurocientista Ruy Marra reconhece que não é fácil sair de nossa zona de conforto e que uma novidade pode ter duas interpretações: risco ou oportunidade.

Perder oportunidades pode representar frustrações ainda maiores no futuro. Com nosso espírito animal, acionamos, muitas vezes, os sensores de ameaça. *Muito além do voo* mostra que esse sensor pode ser calibrado em vários momentos de nossas vidas. O desafio é manter as estruturas cerebrais de defesa sob controle, nos ensina Marra.

Quantos de nós já não nos questionamos: "E se eu tivesse feito..."? Para que o "se" não prevaleça, temos vários recursos, e o importante é manter o foco, além do primordial controle de nossa respiração.

Mara e Marra provam que esse equilíbrio interno aumenta as chances de sucesso, simbolizado na decolagem da rampa da Pedra Bonita.

Na próxima vez que passar por São Conrado, preste atenção. É bem possível que você encontre o Ruy, a Mara ou outros personagens deste livro que aprenderam a investir na hora e nas ideias certas.

Sergio Aguiar
jornalista e apresentador do programa
GloboNews em Pauta, exibido pelo
canal de notícias GloboNews.

NOTA DA AUTORA

POR QUE UM PILOTO E UMA JORNALISTA RESOLVEM ESCREVER UM LIVRO JUNTOS DEPOIS DE UM VOO DE ASA-DELTA? PORQUE O PILOTO É NEUROCIENTISTA, A JORNALISTA É COMENTARISTA DE FINANÇAS, E OS DOIS, QUE NUNCA HAVIAM SE ENCONTRADO ANTES DE ABRIL DE 2015, ENCONTRARAM NA EXPERIÊNCIA DO VOO UM CAMINHO PARA FALAR SOBRE OS ESTUDOS QUE VÊM SENDO FEITOS NO CAMPO DA NEUROCIÊNCIA E SEUS IMPACTOS PARA MELHORAR AS CONDIÇÕES DA VIDA MODERNA. ELA, COM O OLHAR VOLTADO PARA A EFICIÊNCIA MONETÁRIA COMO GERADORA DE BEM-ESTAR PARA AS FAMÍLIAS. ELE, INVESTIGANDO O PAPEL DA RESPIRAÇÃO COMO MEDIADORA DO RELACIONAMENTO ENTRE CÉREBRO E CORAÇÃO E O MODO COMO A COERÊNCIA DO BATIMENTO CARDÍACO AJUDA A DAR RESPOSTAS MAIS ACURADAS EM SITUAÇÕES DE ESTRESSE.

Nos últimos anos, Ruy tem realizado sessões no Brasil com *biofeedback* cardiovascular em pessoas que sofreram algum trauma e qualquer indivíduo que esteja atrás de foco e resiliência – seja ele um atleta, um estudante ou um executivo. O programa contribui para a visualização do "sistema cérebro-coração" na tela de um computador, como um *game* dotado de neurotecnologia. O computador media o intervalo entre cada batida cardíaca, que é retratado num gráfico com uma linha a ziguezaguear de acordo com a variabilidade do ritmo cardíaco.

É como enxergar a mediação entre a razão e o coração. E quando existem conflitos nela, o campo se abre para o aparecimento de doenças. O objetivo do *software*, em conjunto a práticas e ações direcionadas para o bem-estar de corpo e mente, é ajudar no aprendizado da respiração correta para alcançar a coerência cardíaca. Porque a respiração, aliada a outras estratégias cognitivas, pode ajudar na comunicação entre as três camadas cerebrais: no cérebro reptiliano estão os instintos mais básicos de sobrevivência; no sistema límbico está a emoção, o sentimento; e a razão está no neocortex. A melhora no sistema imunológico passa pela integração dessas três camadas.

O aumento da expectativa de vida, esta verdadeira revolução pela qual passa a humanidade, tem provocado um aumento significativo no volume de estudos do cérebro. Não basta viver muito, queremos viver bem. E, mais do que dinheiro, é a saúde o maior patrimônio nesta empreitada de longevidade. Por isso, muitas questões estão sendo revistas e novos modelos de viver bem vêm sendo testados.

Há alguns anos li na antiga revista *Money* que uma das melhores compras para se fazer numa viagem era algum *souvenir* barato que representasse o local visitado, algo como uma miniatura da Torre Eiffel ou do Cristo Redentor. Depois, com base em alguns estudos na área de finanças comportamentais, a reportagem recomendava que, ao desfazer suas malas, o viajante colocasse a compra em algum lugar da casa que ficasse no caminho por onde ele passaria para ir ao trabalho.

Ao vê-la, garantiam os estudos, ela remeteria seu cérebro aos bons momentos da viagem, e isso, por si só, aumentaria muito as chances de ele ter um ótimo dia – mais feliz, mais tranquilo, mais produtivo, porque teria mais disposição para enfrentar os desafios diários.

Portanto, pensei quando li a reportagem, seu melhor investimento ao cruzar fronteiras não é estourar o cartão nos *outlets* americanos ou na *Apple store* da 5ª avenida, em Nova York. Porque esse comportamento, na verdade, tem um potencial incrível de lhe trazer arrependimentos e estresse quando a conta do cartão de crédito chegar. Seu melhor investimento, mostrava a matéria, custa bem menos. E a culpa é do seu cérebro, que, assim como seu coração, prefere alimentos que possam guardar na memória e não os mais tangíveis.

Hoje sei exatamente do que se trata essa experiência. Por vezes o Ruy me envia fotos ou vídeos do terminal de São Conrado, com recados dos passageiros da "Na Marra Airlines" ou da tripulação. E essas mensagens chegam sem hora marcada, nos momentos mais inusitados.

Miguel, responsável pelo quiosque onde os passageiros se embriagam com suco verde, gravou uma mensagem fazendo o suco de que mais gosto, com água de coco, maracujá e gengibre. Ruy a enviou para o meu celular no meio de um dia de trabalho em que o dólar batia recordes de alta, o mercado de juros estava muito nervoso e a bolsa caía. Quando a mensagem chegou eu preparava a coluna que iria ao ar algumas horas mais tarde. Parei, em meio àquele caos financeiro, para ouvir o recado do Miguel. Em pleno dia lindo de sol, ele me falava do calçadão de São Conrado, onde fico antes de voar com o Ruy, conversando com pilotos, passageiros, com a Super Juliana responsável pela logística, e todo o staff que faz aquela incrível engrenagem funcionar.

Foi impossível não sorrir – e não era qualquer sorriso, mas sim aquele que indica a harmonia cerebral, o sorriso verdadeiro de que fala o dr. David Servan-Schreiber no livro *Curar*: "Um sorriso verdadeiro também mobiliza os músculos ao redor dos olhos. Esse segundo conjunto de músculos não se contrai por vontade própria – não obedece ao cérebro cognitivo." Segundo ele, neste caso a ordem deve vir da região límbica, primitiva, profunda. "Isso explica por que os olhos nunca mentem", diz.

É por isso que, de todos os investimentos que tenho visto, dar mais atenção a esse relacionamento entre cérebro e coração, com aplicações regulares na sua coerência cardíaca, me parece uma prática que está no topo do *ranking* das mais rentáveis – sem risco, e com retorno garantido.

INTRODUÇÃO

ESTE LIVRO CONTA UMA AVENTURA. UMA AVENTURA QUE O BONITÃO QUE ESCREVEU O PREFÁCIO INVENTOU NO COMEÇO DE 2015.

A ideia do Sergio Aguiar era muito boa. Comemorar os 450 anos da cidade do Rio de Janeiro levando cada um dos comentaristas do *GloboNews em Pauta*, jornal que ele ancora e no qual eu comento, para um passeio em algum lugar legal da cidade. Até aí, perfeito.

Ele levou o Guga Chacra para conhecer o Museu do Futebol. Sandra Coutinho visitaria o Museu de Arte Naïf. Eliane Catanhede, comentarista política que mora em Brasília, passeou pelo Museu da República, no Catete, região central da cidade. A pernambucana Rosean Kenedy teria que passar a manhã no Centro de Tradições Nordestinas, em São Cristóvão. Gerson Camarotti, o jornalista que deu um belo furo de reportagem entrevistando o papa, seria levado para conhecer o Mosteiro de São Bento. Jorge

Pontual, nosso poeta, criador da coluna "Poema Em Pauta", deveria ir até o Real Gabinete Português de Leitura, para recitar um poema de Fernando Pessoa. Para emocionar a todos. Bete Pacheco, nossa atleta, correu o circuito da Meia Maratona do Rio. E Thais Herédia foi conhecer as ilhas Cagarras.

Encantador. E eu? A escolha do Sergio para mim foi subir a Pedra Bonita – aliás, chega a ser uma ofensa chamá-la de bonita, porque é lindíssima. Excelente! Era um lugar que eu não visitava havia mais de vinte anos, quando frequentava com amigos de faculdade.

Mas os planos do Sergio não paravam por aí. Eu teria que subir e, claro, descer. E a descida seria voando. Ou seja, me jogando de um precipício de mais de 500m de altura!

A Pedra Bonita é uma montanha encravada no Parque Nacional da Tijuca, em meio à floresta de Mata Atlântica, de onde decolam os pilotos de voo livre.

– E já que você vem de uma família de pilotos, seria legal você voar também – argumentou o Sergio.

Ele apelava para meus sentimentos de filha, neta e sobrinha de pilotos.

– Calma lá! Minha família voa com turbinas. Desse negócio de se pendurar em asas estou completamente fora. Eu quero andar de pedalinho na Lagoa ou ir ao Maracanã – respondi.

Por aí você vê meu desespero: eu toparia até mesmo assistir a uma partida de futebol inteirinha sentada na arquibancada do velho Maraca. Mas me jogar da Pedra Bonita pendurada numa asa-delta estava fora de questão.

Bem, o fim da história você sabe, foi ao ar pela GloboNews no dia 30 de abril – e quem não viu pode conferir na página da emissora, na internet. Decolei em 24 de abril de 2015, seis dias antes de a matéria ir ao ar. Foi o primeiro voo livre da minha vida. Mas certamente não o único. Ruy me deu asas, literalmente.

Fui buscar o melhor piloto brasileiro de voo duplo para embarcar nessa aventura. Entrevistei alguns pilotos comerciais, ex-

-alunos e gente ligada à aviação e à prática de voo livre para saber quem era "o cara" do voo duplo no Brasil. Se eu tinha que me jogar do precipício, que fosse com o melhor.

Foi assim que encontrei Ruy Marra, ganhei um amigo e tropecei no FINE, um programa de treinamento para quem busca foco e resiliência, ancorado num tripé: ioga, neurotecnologia e esporte. Fiz o programa e, em menos de um mês, sentia-me confiante o bastante para realizar o desejo do Sergio.

Foi um aprendizado riquíssimo. Era um momento muito difícil da minha vida. Eu havia acabado de perder minha avó e, embora ela já tivesse completado 95 anos, para mim foi uma partida precoce. Tínhamos uma relação muito forte e ela sempre foi meu porto seguro; sem ela, sentia-me mais fraca, sem minha rede de proteção. Não me lembro de ter passado por um momento tão duro em minha vida, nem mesmo quando meu pai morreu, três anos antes.

E aquilo que era pauta virou um tratamento que me ajudou a recuperar a confiança, o otimismo e a alegria, que são combustíveis indispensáveis para minha vida. Não me sinto no direito de ficar triste e amargurada. A vida sempre foi muito generosa comigo. Só tenho a agradecer, e este presente que ganhei do Sergio é mais uma prova disso.

Boa parte das informações que você lerá aqui foi tirada de conversas privadas, que eu e Ruy mantivemos por meio de um desses aplicativos de mensagens instantâneas, durante quase trinta dias de treinamento. Foi assim que nos conhecemos, depois de eu ter vasculhado sua vida inteira, lido o livro *Decolando para a felicidade*, que ele escreveu alguns anos atrás, e de ter visto trocentos vídeos de suas palestras e seus voos.

Por muito tempo conversamos pela internet, eu em São Paulo e ele no Rio. Só nos conhecemos pessoalmente pouco mais de uma semana antes de voarmos. Resolvi revelar essas mensagens porque contêm muitas informações sobre o processo que me fez vencer o medo, que me impedia de subir aquela rampa e decolar para cumprir a pauta que o Sergio criou. De quebra, esse processo me ajudou a atravessar o momento mais difícil da minha vida até então.

O treinamento, como você verá, começa e termina com muita respiração. Ela é a base de tudo. Só fizemos as práticas de ioga e o *game* na semana do voo, quando muita coisa já havia mudado em mim. Meus hábitos foram mudando pouco a pouco nesse curto espaço de tempo.

Descrever o Ruy é muito difícil. Quem o conhece sabe exatamente do que estou falando. Porque o Ruy tem um jeito muito peculiar de lidar com os desafios diários.

Nesse tempo em que convivemos, não ouvi sequer uma vez uma palavra negativa dele. Mesmo quando diz "não", ele o faz de uma forma assertiva. Isso faz uma diferença brutal, porque espalha uma energia positiva que contamina o ambiente, deixa o trabalho mais leve e a convivência suave, mesmo nos momentos mais estressantes. Uma prova disso você pode conferir no vídeo na internet com a íntegra do nosso voo.

A "conversinha mole" do Ruy, como a batizei, é, na verdade, um jeito suave que ele tem de lidar com os passageiros da "Na Marra Airlines", que decolam para renascimentos e, quando pousam na areia da praia de São Conrado, invariavelmente declaram-se encantados pelo voo e pelo Ruy.

Homens e mulheres, jovens e nem tão jovens assim, saem dessa aventura de voar apaixonados pelo voo e pelo Ruy. Pude testemunhar declarações como "Ele é maravilhoso", "Ele é fantástico", "Adoro o Ruy" etc. quando fiquei observando os sucessivos pousos na praia de São Conrado.

Na verdade, essas pessoas, como eu, estavam gratas pelos momentos de que puderam desfrutar, por só experimentarem coisas boas, palavras, gestos, sucos, música, atenção e uma dedicação integral para resgatar a confiança e a autoestima dos passageiros da "Na Marra Airlines".

Nem todos passam pelo programa completo do FINE, mas ele faz questão de ensinar a respiração para quem vai até lá "apenas" para voar. Ele escolhe uma música que combine com o perfil de cada um para ouvir no caminho de subida da Pedra, com muita "conversinha mole", para levar o passageiro a essa incrível aventura que é renascer.

Como jornalista e editora, fiquei morrendo de vontade de partilhar tudo o que descobri nessa aventura e levar informações para que mais pessoas possam decolar para renascimentos, ainda que não tirem os pés do chão. Porque os livros, assim como as asas do Ruy, têm esse poder de nos levar para voos altos com potência maior do que qualquer outra turbina poderia ter.

A linha condutora são as frases do Ruy, que colhi pelo caminho.

Senhores passageiros, apertem os cintos, desliguem os eletrônicos. Tripulação, decolagem autorizada.

1

“TEMOS UMA CONTA-CORRENTE EMOCIONAL;

SIM, COMO UMA CONTA--CORRENTE: ATIVOS E PASSIVOS CONQUISTADOS PELAS INTERAÇÕES SOCIAIS, MAS MEDIADOS PELOS PRIMEIROS DEPÓSITOS REALIZADOS POR NOSSOS PAIS.”

MARA LUQUET Olha onde eu ficava na minha adolescência

RUY MARRA Q foto linda!!!!!

MARA LUQUET Mas nunca pensei em me jogar!!! Nuncaaaa

RUY MARRA Decolar...

ROTOR

NO BALANÇO DE UMA EMPRESA, O ATIVO É O QUE SOMA, SÃO OS BENS DA EMPRESA, A RECEITA; ENFIM, A RIQUEZA. JÁ O PASSIVO É O QUE DIMINUI, AS DÍVIDAS, POR EXEMPLO.

Ao ouvir essas palavras, parei para pensar na minha conta-corrente emocional. O que soma e o que subtrai quando se trata de nossas emoções?

A foto, sem sombra de dúvida, mostra um grande ativo: amigas, Andrea Fuller e Elisa Andries, e momentos de puro prazer que vivi quando mal havia chegado aos vinte anos. Foram momentos tão bons que o simples fato de ver a foto me leva a uma viagem no tempo e me remete à sensação de pura alegria.

Chegar à Pedra Bonita mais de duas décadas depois para ver as decolagens do Ruy foi como se eu tivesse entrado em uma máquina do tempo. Hoje o local das decolagens é bem mais seguro e há mais profissionalismo também. O movimento de pilotos e turistas é muito maior do que nos anos 1980, quando eu subia a Pedra.

Mas a atmosfera é a mesma; o visual, impecável. Da Pedra Bonita é possível admirar a lindíssima vista da Cidade Maravilhosa. Muitos adjetivos para um único cenário, todos 100% verdadeiros. Fiquei ali por algumas horas revivendo o passado, que não parecia tão distante.

Ainda sem saber aonde o Ruy queria chegar com aquelas palavras sobre o balanço de uma empresa, mas, tendo a referência das finanças, fiz um balanço dos meus próprios ativos e passivos. Porém, o que ainda não estava claro era como aquilo poderia realmente ajudar a me jogar daquela rampa. Mas ele logo explicaria a importância da nossa conta-corrente emocional no processo de resgate da autoconfiança.

Nos últimos anos, os estudos sobre o cérebro têm me atraído bastante, por diversos motivos. As pesquisas que falam sobre dinheiro, bem-estar e decisões econômicas se multiplicam por universidades em todo o mundo.

Que parte do nosso cérebro, por exemplo, é responsável pelos prazeres imediatos e que parte pensa a longo prazo? Quando você gasta sem cerimônia seu cartão de crédito, a culpa realmente não é sua, mas do seu cérebro. Na verdade, existe uma luta cruel, em que o lado gastador, preocupado apenas com a recompensa imediata, vence com larga vantagem aquele lado que pensa no seu futuro, empenhado em garantir recompensas maiores amanhã.

O resultado da briga diária desses dois lados do cérebro influencia diretamente sua saúde financeira e pode engordar sua conta bancária. Mas o que esses estudos de economia e finanças comportamentais também mostram é que dinheiro demais – acredite – não acrescenta bem-estar à sua vida. Então, por que fazer horas extras, ficar dias e semanas longe de amigos e da família para contabilizar bônus no fim do ano? Os cientistas buscam resposta para isso. Até agora, os resultados mostram que as experiências que vivemos contribuem mais para a nossa felicidade do que o patrimônio que adquirimos. Traduzindo, viver é melhor do que ter. Nesse sentido, sair com os amigos ou reuni-los no fim de semana em casa agrega mais do que ter um carrão na garagem. Difícil acreditar? Pode apostar, os resultados apontam para uma importância menor do dinheiro quando o assunto é prazer e felicidade.

Tenho lido muito sobre finanças comportamentais, uma área que vem crescendo rapidamente e que reúne pesquisadores de diversas áreas do conhecimento, unindo principalmente a economia com a neurociência.

Além disso, também tenho me interessado pelas pesquisas sobre Alzheimer, que estão influenciando fortemente a cotação das ações de empresas de laboratórios farmacêuticos, por ser esta a próxima fronteira que a ciência precisa desbravar: fazer o aumento da expectativa de vida que conquistamos neste século se traduzir, efetivamente, em qualidade de vida.

Tratar doenças do cérebro, como o Alzheimer, é um desafio. Antes não vivíamos o suficiente para chegar a passar por esses males. Agora é diferente. No século em que viver noventa anos ou mais passou a ser rotina, entender o cérebro é urgente.

Então, quando Ruy falou que há um circuito cerebral simples de entender e que pode explicar tudo sobre nossas reações, inclusive em relação ao dinheiro, percebi que esse voo me levaria a destinos que não estavam programados quando embarquei na aventura.

Seria muito mais que saltar de uma rampa. Seria um processo de autoconhecimento. Eu seria a neurocientista de mim mesma, como disse Ruy. E este processo me levaria até bem mais longe que o pouso seguro na praia de São Conrado.

Vinte e seis mil pessoas travando uma decisiva conversa, batalha, flerte ou mesmo uma relação de cumplicidade entre a vida e a morte. Foi o cenário que vivenciei diretamente como piloto instrutor de voo duplo de asa-delta e pesquisador na área da neurociência afetiva.

Jornalistas, mercenários de guerra, CEOs de empresas globais, monges, padres, rabinos, mulçumanos, professores, meninos de comunidades de risco, presidentes, garis, policiais, médicos, psicólogos, psiquiatras, cientistas, bandas de rock, superatletas olímpicos, indivíduos dos seis continentes sobrevoaram os céus da belíssima praia de São Conrado. Por isso é que um dos meus hobbies preferidos é aprender a falar "obrigado" em diferentes idiomas, como em celta: "Go raibh million maith agat cara."

A corrida na rampa com 8m de comprimento, debruçada sobre a floresta da Tijuca, a uma altitude de 520m – se mirarmos para a praia oceânica ladeada por montanhas será de 400 a 820m. É um cenário impactante, ideal para um ritual de passagem, onde as diferentes reações emocionais das pessoas despertam minha curiosidade, não apenas pelo aspecto comportamental, mas também pela segurança da atividade.

Na fase do treino que precede a atividade, 95% dos aspirantes a voadores afirmavam, cheios de certeza, que correriam uns 2m sobre o ar após a decolagem, a fim de assegurar a velocidade da corrida para a sustentação da asa-delta, mas apenas 5% cumpriam o combinado. O descumprimento dessa regra põe em risco toda a experiência. Multiplicando-se essa estatística por duzentos voos ao mês, a possibilidade de algum acidente ou incidente acontecer crescia mais do que eu poderia suportar.

Alguns alunos passageiros apresentavam desempenho mais eficiente do que outros diante do mesmo evento: correr na rampa de voo livre. A rampa é uma poderosa metáfora da vida: pode representar um novo ciclo, investimento, projeto ou mesmo relacionamento. Para avaliar se os alunos passageiros iriam correr ou não, desenvolvi uma pesquisa que media os batimentos cardíacos, a respiração e a observação das expressões faciais em dois momentos: antes de subirmos para a montanha e, depois, ao chegarmos ao ponto de decolagem.

Nessa pesquisa, havia uma escala de um a cinco para avaliar a eficiência da corrida na rampa. Além disso, após o pouso, o aluno passageiro era convidado a responder um questionário relativo à percepção do afeto na infância, às matrizes emocionais parentais e às interações sociais ao longo da vida.

O professor Richard J. Davidson, neurocientista da Universidade de Wisconsin e um dos pioneiros do campo da neurociência afetiva, chama de índice de afeto positivo a capacidade de exploração e sociabilização da criança, especialmente em situações de estresse. É algo que se aplica tanto aos animais quanto aos seres humanos. Uma novidade pode ser vista como um risco ou uma oportunidade. A conta-corrente emocional registrará esse índice de afeto positivo como ativo, e o oposto determinará o passivo. Ou seja, as circunstâncias e as vivências que uma pessoa experimenta contribuem para a construção do seu patrimônio emocional.

O psiquiatra canadense Thomas Verny, autor do best-seller *A vida secreta da criança antes de nascer*, acredita que "garantir que crianças sejam concebidas e nutridas com amor é assegurar um mundo melhor" e que "o útero é a primeira escola, onde aprendemos valores, e eles são aprendidos de forma marcante até os primeiros três anos de vida; depois, se forem aprendidos valores não adequados, vai dar muito trabalho para mudar".

Em Bangkok, na Tailândia, mulheres grávidas foram encorajadas, durante um programa de estimulação positiva, a fazer relaxamento e visualização positiva (pensar positivamente) sobre seus relacionamentos, estimulando o vínculo mãe-filho. Depois do nascimento, essas crianças continuaram sendo acompanhadas e apresentaram, de acordo com uma escala científica de avaliação, desenvolvimento motor precoce e mais habilidades socioemocionais, quando comparadas às outras crianças. Ou seja, os depósitos ou os saques das contas-correntes emocionais delas começaram ainda na fase de gestação!

* * *

– É claro que vou correr, Ruy! – afirmou Mara, na véspera do voo, e mesmo durante o treinamento na rampa, convicta da sua performance diante de mais um desafio aéreo.

Treinamos os movimentos de corrida e de pouso algumas vezes, trazendo elementos lúdicos, a fim de incentivá-las. Incentivá-las? Havia mais de uma Mara a bordo de nossa asa? Sim e não. Explicarei a seguir, do ponto de vista neurobiológico.

A equipe de filmagem do programa *GloboNews em Pauta* estava atenta e filmava a esmo a fase preparatória. O apresentador Sergio Aguiar decolou com maestria, realizando o movimento da corrida com extrema perfeição, liderado pelo experiente piloto e campeão Max Turiaco.

Chegou nossa vez e nos aprontamos para fazer o rigoroso *checklist* da decolagem, inspecionado pelo fiscal de segurança. Durante esse processo, saltavam indicadores fisiológicos sutis da nossa corajosa copilota, denunciando que possíveis comportamentos cognitivos indesejáveis poderiam prejudicar a performance de sua corrida. Com isso, o peso dela, acrescido ao da asa, poderia sobrecarregar minhas pernas, que tinham a responsabilidade de atingir a velocidade de 19km/h em 8m. Meu peso, 78kg, mais o da Mara, 58kg, e o da asa, 40kg, somavam quase 200kg. Porém, existe uma estratégia segura para tratar esse risco. Sou testemunha de que cada voo é sagrado. Como pesquisador, observo a influência positiva dessa atividade no cérebro, a partir de uma metodologia que, mais adiante, vamos conhecer.

Que sinais fisiológicos eram esses que Mara apresentava? A expressão da face mais contraída, por exemplo. Paul Ekman, eminente pesquisador de emoções e expressões faciais, psicólogo e professor de psicologia do Departamento de Psiquiatria na Universidade da Califórnia, faz as seguintes observações em seu livro, *A linguagem das emoções*: "Preste atenção ao rosto, ao estômago, às mãos e às pernas. Verifique a respiração e o calor na face e nas mãos."

Só que a Mara tinha dito que iria correr, lembra? É nesse provocante cenário de adaptação que menciono a teoria do cérebro trino, elaborada pelo neurocientista americano Paul MacLean, que defende que nosso cérebro é composto por três camadas: o cérebro reptiliano, responsável por sobrevivência e reprodução; o cérebro límbico, que basicamente influencia nossas emoções; e, por último, o cérebro racional ou neocórtex, controlador das funções executivas, do pensamento abstrato.

Segundo MacLean, é como se houvesse três biocomputadores que, embora interligados, "conservam suas próprias formas peculiares de inteligência, subjetividade, sentido de tempo e espaço, memória, motricidade e outras funções menos específicas".

Por isso, sugeri que havia mais de uma Mara a bordo de nossa asa-delta. São três Maras, cada uma representando uma camada cerebral. Apenas uma afirmou que iria correr através da linguagem verbal. Mas as outras, a reptiliana e a límbica, estavam "gritando": "Não vou mesmo!"

No livro *Curar*, o dr. David Servan-Schreiber, amigo, neuropsiquiatra e neurocientista falecido em 2011, traz em seu prefácio:

> A neurociência e a psicologia foram abaladas recentemente por um conhecimento radical. O cérebro emocional é bem mais do que um vestígio encoberto de um passado animal: senhor de nosso corpo e nossas paixões, é a fonte da identidade e dos valores que dão senso à vida.

Estava claro que o cérebro emocional de Mara, aliado ao primitivo, iria desligar a "Mara racional". Porém, ela não estava consciente disso. Eu sabia que ela pararia de correr, embora afirmasse constantemente:

– Vou correr, Ruy! Você vai ver. Será a melhor decolagem da sua vida!

Para compensar a possibilidade do desligamento da corrida e a sobrecarga de 200 quilos na rampa, eu deveria esperar uma condição do vento específica que iria promover mais sustentação. Durante a nossa espera de quatro minutos antes de voar, a informei sobre a postura correta e os objetivos daquela corrida, que poderia representar um novo ciclo na vida dela. Ao mesmo tempo, fazíamos uma respiração específica, para nos ajudar a manter o foco. A mão esquerda dela deveria se apoiar suavemente no meio das minhas costas, indicando assim um controle emocional para execução do movimento. No entanto, a mão dela oscilava – menos do que eu esperava, o que demonstrava uma postura corajosa diante do desafio, mas oscilava.

A divina rajada de vento começava a sinalizar que estava chegando o momento, com o balançar suave e carinhoso das árvores ao nosso redor. O Universo estava recompensando Mara por seu esforço emocional, que traduzia uma vitória sobre seus medos e suas sombras, uma reavaliação de seus valores culturais e pessoais, ou mesmo ancestrais. Seria um renascimento. O rabino e escritor Nilton Bonder, autor de *Alma imoral*, disse, referindo-se à nossa atividade: "Vocês são como parteiros! E por isso cada decolagem é sagrada, é quando a montanha transforma-se no útero."

A rajada se torna vento constante e é quando escuto a voz acolhedora do Universo: "Ruy, traz a Mara para voar!"

Aprendi a escutar essa voz. Ela é minha irmã mais velha.

Nosso cérebro inicialmente compreende melhor a metáfora das emoções do que as informações técnicas. Traduzo a mensagem e falo:

– Mara, imagine que você está atrasada para a melhor festa da sua vida e vai abraçar uma pessoa de quem gosta muito, de quem morre de saudade, pois faz anos que não a vê!

Um, dois e três! Rumo ao renascimento! Mara começa correndo bem, mas ainda conta com o suporte do meu assistente, Vinícius, atrás dela. Faltando um metro para entrarmos em voo, sinto um peso maior, devido à diminuição dos passos dela. Mas está tudo bem, pois a atmosfera nos recebeu em triunfo devido ao esforço heroico da copilota.

Logo em seguida, sugiro que façamos um exercício de respiração que irá transformar aquele estado de adaptação de quase luta ou fuga em curiosidade e apreciação. A respiração é uma prática capaz de mediar nossos três cérebros na direção da evolução. Quando respiramos profundamente, somos capazes de estimular o departamento do nosso corpo responsável pelas ações de relaxamento. Retiramos, de forma mais eficaz, o ar residual de nossos pulmões, renovando células, emoções e pensamentos. Assim, acionamos estruturas neurais e bioquímicas, reorganizando-as mesmo sob uma situação de estresse. É como uma escola emocional em que aprendemos novas estratégias adaptativas, que farão parte de nosso repertório para futuros eventos na vida: são novos arquivos emocionais, quase como ganhar uma loteria emocional.

O voo pode ser maravilhoso, mas é preciso respeitar algumas etapas. Caso contrário, pode-se gerar um trauma e não haverá efeito residual considerável positivo, nem mesmo terapêutico.

A contração da face de Mara cedia espaço ao sorriso da vitória, acompanhado por um olhar transcendente. Ela estava sobrevoando a belíssima Mata Atlântica, colorida por infinitos tons de verde, em seu camarote aéreo com vista para o Corcovado à esquerda, tendo em primeiro plano o morro Dois Irmãos e, abaixo, como testemunha, a imensa comunidade da Rocinha, com trezentos mil moradores. À direita, a Pedra da Gávea, 820m sobre o mar, maior monólito do mundo sobre o Atlântico. Abaixo de nós, o impecável gramado circundado por alguns lagos pequenos e um grande, o do Gávea Golf & Country Club. Foram quase sete minutos transitando naquela dimensão, voando e praticando o que denominei "Ioga no Céu". Nosso momento de aterrissagem estava chegando e, embora ainda estivéssemos bem no alto, comecei a preparar Mara para o pouso.

Na hora de pousar, é importante que o passageiro fique em pé. Para isso, retiro um dos apoios da perna, a fim de facilitar o movimento. Quando faço isso, a pessoa sente um solavanco, o que pode ser assustador ou divertido, dependendo do seu estado emocional. Nossa asa-delta, agora perto da areia da praia de São Conrado, estava prestes a tocar o solo, com uma velocidade aproximada de 60km/h, que foi diminuindo para 40, 30, 20... Nesse instante, empurrei o triângulo de alumínio para cima. Era o pouso, o que chamamos na aviação de *stall*. Mara estava tão relaxada que continuou quase que deitada, ajoelhada, talvez num gesto de agradecimento ao Universo, que enviara um dos seus filhos para nos acolher: o Vento.

– Decolei com uma mulher e pousei com uma criança! – falei sobre Mara, observando seu estado de transe aéreo.

– Não corri como esperava, não corri como esperava! – replicou ela.

Mara estava surpresa com sua performance, pois havia descumprido a promessa de que iria correr. Então lembrei que, um mês atrás, a realização daquela aventura era impensável, a julgar pela conversa de Mara com Sergio Aguiar. Portanto, ela havia feito, sim, a melhor decolagem da minha vida. Os voos têm características aparentemente semelhantes, mas – devido ao vento, à intensidade da luz do dia, à pressão atmosférica, às nossas reações bioquímicas e neurais e também às de nossos alunos passageiros –, cada um é único e diferente de todos os outros. Naquele dia, tive a melhor decolagem da minha vida. Parabéns, Mara! Belo investimento em sua conta emocional! E na minha também, afinal, participar da felicidade do outro se torna um ativo valiosíssimo e ressonante.

2

“PASSADO NÃO É DESTINO!”

MARA LUQUET Ruy, eu vi aquele vídeo q vc mandou hoje umas dez vezes e meu coração disparou em todas as vezes!!!! Fiquei morrendo de medo e não era eu!!!

RUY MARRA Sim, e provavelmente sua mãe ou seu pai trouxeram algum tipo de modelagem comportamental mais dramática... Como um mamífero ensinando seu filhote a agir (foi o melhor q nos puderam ensinar). Lembra: passado não precisa determinar nossos destinos...

MARA LUQUET Bem, se vc vai colocar pai e mãe nesta história, aí vai longeeeee. Para vc ter uma ideia minha mãe é filha de piloto, irmã de piloto e foi casada com piloto e não entra num avião nem amarrada!!!! Eu nem contei para ela essa história da asa pq ela é capaz de subir lá e me tirar a tapas daquela rampa.

RUY MARRA Acertei então... Não sou vidente... Investiguei duas mil pessoas durante dez anos...

BOA PARTE DAS MINHAS NOITES DE MARÇO E ABRIL FORAM COM RUY. MESMO ANTES DE NOS CONHECERMOS E DE ELE SABER QUE VOARIA COMIGO, JÁ HAVIA COMEÇADO MEU TRABALHO DE VASCULHAR SUA VIDA. PASSEI ALGUMAS MADRUGADAS VENDO VOOS QUE ELE FEZ E O QUE OS PASSAGEIROS POSTARAM NAS REDES SOCIAIS. VI TAMBÉM SUAS ENTREVISTAS NA INTERNET, ALGUMAS PALESTRAS QUE DEU E QUE ESTÃO NA REDE, INCLUSIVE AS QUE FEZ PARA O TED TALENT SEARCH, O MAIOR CENTRO DE DISSEMINAÇÃO DE INOVAÇÕES DO PLANETA.

Foi no TED que ele disse que "passado não é destino" e falou sobre como trazemos o medo da nossa infância para a vida adulta. Vi essa palestra, sem exageros, uma dúzia de vezes. Sou capaz de repetir alguns trechos de cor. Nunca havia pensado sobre o medo e como ele nos imobiliza. Nas nossas conversas, Ruy sempre frisou que o medo é importante, mas o medo saudável, que nos protege, e não aquele que nos paralisa.

Ruy estudou o medo por muitos anos, a partir de uma pesquisa feita com mais de duas mil pessoas que voaram com ele. Foi sobre essas descobertas que ele falou no TED e que ouvi repetidas vezes nas minhas madrugadas de março.

O medo mais comum é por modelagem. O que é isso? Ele explicou com a imagem da criança que chega à roda-gigante com a mãe e a ouve dizer:

– Meu filho, eu moooorro de medo de altura!

A mãe diz isso várias vezes e o cérebro da criança, que é o cérebro de um mamífero, se apodera dessa imagem. Isso é aprender por modelagem. Essa criança cresce, se desenvolve e, ao chegar à roda-gigante, uma área do seu cérebro dá um alerta. Assim, desde a infância, sua informação é que ela não pode voar e todos os seus neurônios guardam isso cuidadosamente.

Quando entra em voo com seus passageiros, Ruy diz que há um renascimento neural. Essa é a parte de que mais gosto na palestra que ele fez no TED, porque parece "neuropoesia" a forma como ele explica o processo que livra o cérebro dessas amarras.

"Quando estamos voando, é como se o neurônio abrisse os olhos e falasse assim: 'Caramba! Você está voando!' E começa a contar isso aos outros neurônios", explica Ruy na palestra. "Você cria uma nova sinapse e um cardápio infinito de possibilidades para sua vida. Começa a festa neural. Daí vem a história de que passado não é destino", finaliza o nosso "neuropoeta" para a plateia do TED.

Na pedra renascentista encravada na Mata Atlântica do Parque Nacional da Tijuca, a rampa é o local onde precisamos deixar nosso medo para trás. A rampa é a metáfora do renascimento que acontece quando decolamos. É uma prova de coragem, nossa vitória sobre o medo que paralisa.

Quando cheguei à rampa, eu já trazia muitas mudanças. Afinal, a Mara de dois meses atrás se negou terminantemente a decolar e jamais estaria ali toda paramentada, pronta para voar. Eu estava bem confiante depois de passar pelo FINE, programa de treinamento criado pela Superar, a consultoria de gestão emocional da qual o Ruy é um dos sócios.

Mas, quando minhas pernas começaram a se movimentar e a correr, estavam bem menos animadas e confiantes do que achei que estariam. Isso acontecia porque o medo estava ali lado a lado e corria comigo nesses longos 8m que me levariam ao voo. O segredo é correr mais do que ele. Este é o foco (o **F** do FINE) que me ajudou a vencer a corrida.

Não me lembro do que senti no dia em que nasci. Mas lembro os detalhes do meu renascimento. A sensação era de que alguém estava me puxando para um lugar delicioso, e o pânico (sim, foi pânico o que senti) foi se transformando rapidamente em um imenso prazer de estar ali, envolta pelo ar puro, pela beleza e pela liberdade que as asas do Ruy proporcionam.

A ioga (o **I** do FINE) é fundamental para transformar o pânico em prazer. Por meio de alguns exercícios de respiração, é possível ganhar confiança.

Minha metáfora foi a da rampa da pedra renascentista. Hoje não tenho a menor dúvida. Mas poderia ter sido outra. Você não precisa ir até a Pedra Bonita e decolar. Basta encontrar sua própria rampa, onde correrá para alçar novos voos em sua vida. Contudo, assim como na Pedra Bonita, o fundamental é deixar o medo para trás, seja qual for a pista que escolher para sua decolagem. Quem vai contar de que forma você conseguirá se livrar do medo que paralisa é o Ruy, porque, afinal, o neurocientista é ele. Minha missão como jornalista foi só encontrá-lo e convencê-lo a participar dessa conversa.

Observei que muitos dos meus passageiros apresentavam formas não muito saudáveis para lidar com seus medos e com as estratégias para sua adaptação.

– Que paisagem linda! Como poderei te ajudar na corrida, Ruy? – perguntou-me Jorgen, um dinamarquês aparentando quarenta anos, com voz e respiração suaves, emanando um radiante sorriso, mesmo diante daquele abismo de 520m, assim que chegamos ao ponto de decolagem.

Ele era muito diferente da grande maioria, que se manifesta através de reações visivelmente opostas: respiração acelerada, contração da expressão facial apertando as mandíbulas, braços cruzados ou na lateral do corpo, como que se aprontando para uma luta. Jorgen representava apenas 5% daquele universo adaptativo. Passei a chamar isso de personalidade do diamante: é quando a pessoa, mesmo desafiada por um agente estressante, mantém-se radiante como um diamante.

As habilidades socioemocionais desse tipo de pessoa, tais como comunicação assertiva, admiração, cooperação e integração, sobressaem em relação às das demais. No momento da corrida, quem tem a tal personalidade do diamante executa o movimento com extrema perfeição e leveza. Não há alterações fisiológicas significativas na avaliação da respiração, nem contração das expressões faciais. Também não há grande variação dos batimentos cardíacos entre o momento em que nos encontramos – antes de subir para a rampa de decolagem – e a hora em que eles avistam a imensidão do abismo que nos distancia da área de pouso. Para eles, o sentimento de problema é dissolvido por seu repertório de experiências positivas vivenciadas anteriormente, seja na gestação, na primeira infância, na adolescência ou nas interações sociais da sua vida adulta. Esse repertório positivo evoca uma atraente percepção de oportunidade e desafio.

Após o treino com Jorgen, propus que ele dedicasse seu esforço na corrida daquele voo a seus sonhos, sua família e seus projetos. Mais uma vez, seu sorriso prontamente acolheu a sugestão. Pude sentir e observar os indicadores fisiológicos ajustados e, após nossa contagem – um, dois e três, vamos! –,

Jorgen decolou sorrindo, com movimentos leves, coordenados e integrados. Era como se já tivesse voado antes.

Pesquisas do Centro de Pesquisas de Prevenção para a Promoção do Desenvolvimento Humano, fundado por Mark Greenberg, psicólogo, pesquisador e professor da Universidade Estadual da Pensilvânia, mostram que

> dada a função essencial entre genitor e filho, quando os pais reconhecem as emoções negativas dos filhos, ira e tristeza, e os ajudam a lidar com essas emoções, com o tempo as crianças desenvolvem um melhor controle fisiológico das emoções e exibem um comportamento mais positivo. Por outro lado, quando os pais ignoram ou castigam os filhos por exibir tais emoções ou ficam zangados com elas, com o tempo as crianças aprendem que não podem expor essas emoções e passam a sufocá-las; isso gera na criança um estresse excessivo, tanto fisiológico quanto psicológico, porque a emoção continua presente e põe um obstáculo no caminho da confiança fundamental entre crianças e adultos: o medo por modelagem, em que frequentemente somos testemunhas das reações assustadas de um dos pais ou referências.

Mais alguns exemplos:

A avó de Anne exclamava toda vez que a menina se aproximava das falésias escarpadas do vilarejo italiano de Tropea, sobre as verdejantes águas do Mediterrâneo:

– Morro de medo de altura, saia de perto deste abismo. Você vai morrer!

* * *

Durante uma entrevista realizada em um centro de treinamento para ginástica olímpica, a repórter pergunta a uma aluna de nove anos qual seria seu sonho.

– Quero ir para uma Olimpíada – responde a criança, mirando orgulhosamente a mãe, a seu lado.

– E a senhora? Caso sua filha seja classificada para as Olimpíadas, como irá se sentir? – pergunta a repórter em seguida para a mãe.

– Eu vou ter um troço! – brada a mãe e agita o corpo de cima até embaixo. Quase que em sintonia, a pequena começa a tremer também.

* * *

Pela décima vez, Patrícia chorava aos prantos antes da competição de jiu-jítsu.

– Estou nervosa, não sei se vou conseguir lutar.

Isso prejudicou sua performance nas primeiras lutas. Embora fosse reconhecida como uma atleta talentosa e dedicada durantes seus treinos, ela perdia produtividade nos campeonatos.

* * *

Esses casos mostram que as crianças repetem mais o que veem do que o que escutam.

Após pousarmos, a esposa de Jorgen estava esperando nossa aterrissagem ao lado de seu filho, Mark, que tinha uns quatro anos. Assim que pousamos, nós nos dirigimos para o quiosque, onde celebramos com alguns sucos especiais preparados pelo Miguel. Primeiro cuidamos da alma e depois do corpo! O pequeno Mark, ao ver o pai chegando, foi caminhando próximo de sua mãe para comemorar o feito. Após o voo, olhamos as fotos e o vídeo registrados por câmeras GoPro. O quiosque fica localizado no calçadão de São Conrado e ali existe um desnível de quatro metros para a praia, delineado por um muro, quase como uma minidecolagem. Enquanto olhávamos o vídeo de Jorgen no computador em uma das mesas do quiosque, Enzo, um simpático buldogue, atraiu a atenção do curioso Mark, que foi em direção ao muro e, aos poucos, acelerou os passos para o vazio.

A mãe de Mark, Marit, uma alta executiva também dinamarquesa, percebeu o movimento de seu filho e, rapidamente, levantou-se, ultrapassou o menino a poucos metros do perigoso desnível, virou-se e abaixou, tentando ajustar sua altura à do filho. Com uma expressão acolhedora e uma voz afetuosa mas firme, deu algumas orientações ao menino, que prontamente voltou a andar em nossa direção, sem nenhuma alteração expressiva no humor. Ela tinha negociado com o filho com afeto.

A genética pode influenciar o comportamento, mas ele é construído basicamente a partir das experiências pessoais e das interações de cada um com o ambiente. Assim, surge uma nova ciência, que estuda a alteração da herança celular pelo ambiente: a epigenética.

Pesquisadores da Emory University School of Medicine, na Geórgia, descobriram que o medo pode ser transmitido dos pais para duas gerações seguintes. Os testes foram feitos em ratos e mostraram que, se os animais são ensinados a temer algo, as mudanças influenciam o cérebro de seus filhos e netos, levando-os a sentir o mesmo temor, segundo o psiquiatra e professor Kerry Ressler. Fêmeas de ratos grávidas, expostas aos hormônios do estresse, geravam filhotes mais vulneráveis ao estresse.

A dra. Rachel Yehuda, psiquiatra e professora na Escola de Medicina Monte Sinai, fundadora de uma clínica em Nova York para tratamento das vítimas do Holocausto, observou que muitos dos filhos de seus pacientes apresentavam comportamento mais vulnerável a eventos estressantes. Após a tragédia do 11 de Setembro, ela e Jonathan Seckl, professor de medicina molecular da Universidade de Edimburgo, na Escócia, investigaram os filhos de grávidas que presenciaram os ataques e constataram que havia um traço a mais de cortisol (hormônio relacionado ao estresse) neles do que os encontrados na média da população. Os cientistas pretendem continuar suas pesquisas avaliando os netos dessas grávidas.

* * *

Levar as pessoas queridas para voar é também um dos meus hobbies preferidos.

– Lembra? Um dos meus mantras: a sua felicidade é minha nutrição emocional... Por isso estou ficando mais gordinho – falo para meu amigo em tom gaiato e com um olhar de convencimento.

– Está bem, Ruy! Vou voar de parapente com você, mas nada de fazer curvas radicais – frisou Ricardo, amigo da época do colégio.

O voo duplo de parapente é realizado com o carona sentado confortavelmente à frente do piloto, sustentado por 600 metros de linhas certificadas, para cada uma aguentar 60 quilos por metro. O vento estava calmo e as condições estavam ajustadas para o que chamo de "voo da vovó". Se eu fosse voar com minha querida avó, seria naquele momento. Segui com o tom da gaiatice para confortar meu cobiçado passageiro. Mas percebi nele alguns indícios de pânico, como suor e olhar arregalado, respiração curta e acelerada e uma rajada de perguntas sobre a segurança: se os mosquetões de segurança estavam fechados, se o capacete estava ok, se o vento não estava muito forte... Enfim, cada vez que eu tentava responder, vinha uma nova rajada de perguntas... Olhei nos olhos dele, apoiando suavemente as mãos em seus ombros.

– Ricardo, conta comigo. Condições perfeitas, vamos caminhar devagar!

No parapente, a dinâmica de decolagem permite menos velocidade nessa etapa crucial. Decolamos e pronto!

– Ufa! – Escutei o desabafo aéreo.

– Tudo bem, Ricardo? Está gostando? – perguntei.

O equipamento que nos levava sentados tem o nome de "selete" (do francês) ou "cadeirinha". Ricardo estava sentado totalmente reto, enrijecido como uma tábua de madeira. Sugeri que deixasse o corpo mais relaxado, porém algo muito poderoso o impedia.

– Não posso. Não consigo. Parece que vou cair do muro – disse ele.

– Muro? Que muro, meu amigo? Você está planando, olha para baixo, estamos a uns quinhentos metros de altura. Se você cair, cairá *no* muro, e não *do* muro – retruquei, tentando descontrair.

– Caramba, Ruy! Acabei de me lembrar do muro! – comentou Ricardo, com voz mais suave, durante o voo. – Eu tinha uns seis anos e estava sentado no muro do vizinho, procurando a bola que tinha caído por lá, quando, de repente, fui puxado para trás por outro amigo e acordei algumas horas depois no hospital.

Ou seja, aquele acontecimento traumático montara um arquivo de resposta emocional em Ricardo, fazendo-o associar altura à ameaça da sua sobrevivência. Reações antigas para situações presentes.

O campeão e medalhista olímpico de judô Flavio Canto fundou, juntamente com alguns amigos, o projeto social Instituto Reação, na Rocinha. Flavio identificou no judô uma plataforma de contribuição para a coletividade, usando esporte e educação, visando ao desenvolvimento da cidadania através dos valores samurais: determinação, integridade e honra. Lá, tive a generosa oportunidade de trabalhar como voluntário e consultor de neurociência aplicada ao esporte de alto rendimento.

Nas palavras de Flavio, "compartilhar conquistas e conhecimento é um estilo de vida. Dividir o que a gente tem é o que dá sentido à vida. Não gosto quando dizem que eu ajudo alguém. Na verdade, a pessoa está querendo se ajudar através do Reação".

Toda quinta-feira, eu fazia atendimentos individuais e treinamento de foco. Usava um *software* com neurotecnologia: o atleta era convidado a manter um nível de foco e concentração monitorado por um sensor e, ao mesmo tempo, exposto a um vídeo. Essa sessão gerava um gráfico de desempenho emocional, baseado em indicadores biológicos. Chamamos tal metodologia de "Remind", "relembrar", em inglês. Treinamos o fortalecimento das vias de habilidades específicas adquiridas ao longo do tempo e que, às vezes, são esquecidas ou desligadas em momentos de estresse excessivo, como durante os embates.

Às sextas-feiras, além dos atendimentos individuais, trazíamos dinâmicas para desenvolvimento de autoestima e autoeficácia durante os treinos, como ioga e mesmo elementos do teatro, como *role-playing*.

* * *

Em um workshop internacional de neurociência do trauma realizado no Rio de Janeiro em 2013, o dr. Bessel van der Kolk, psiquiatra, professor da Escola de Medicina da Universidade de Boston, fundador e diretor do The Trauma Center no Justice Resource Institute, em Brookline, Massachusetts, mundialmente considerado o maior especialista no estudo do estresse pós-traumático, afirmou que "não existe carpinteiro com apenas uma ferramenta". Durante os três longos dias de workshop, ele apresentou ioga, meditação, *biofeedback*, *neurofeedback*, experiência somática e EMDR (*Eye Movement Desensitization and Reprocessing*, ou Dessensibilização e Reprocessamento por Movimentos Oculares) como opções eficazes para tratar o medo. Além disso, falou sobre pesquisas científicas, fundamentando a seriedade dos casos apresentados.

* * *

– Ruy, amanhã tenho uma competição importante no calendário nacional de judô, mas alguns sentimentos muito antigos e ameaçadores estão retornando à minha mente e ao meu corpo – suplicou, arrasada, a atleta de quem trataremos por Z. – Estou desesperada, não quero mais lutar.

Através da observação dos traços cardíacos irregulares, no gráfico do *software*, podia-se sugerir que Z era extremante vulnerável ao estresse. A prática do judô, inserida no ambiente seguro e acolhedor do Instituto Reação, estava contribuindo de forma decisiva e não invasiva para o desenvolvimento de suas habilidades socioemocionais. Mas ela estava desesperada.

Z comentou que não podia escutar a palavra "bater", pois isso remetia à sua infância, quando era espancada pelo pai. Em um determinado momento do treino, ela havia escutado de um de seus colegas, que desconhecia esse aspecto trágico de sua vida, que ela não poderia deixar que a adversária batesse nela. Z congelou, suas pernas paralisaram. A palavra "bater" era o gatilho que fazia a atleta se lembrar dos espancamentos que sofrera. Ela era refém de seu passado. Era o medo aprendido por violência doméstica. Porém, algumas sessões de respiração contribuíram para que ela resgatasse sua autonomia emocional. Ela aprendeu a influenciar seu cérebro emocional, alcançando na competição uma colocação acima do esperado.

O que as religiões denominam livre-arbítrio a ciência batizou de neuroplasticidade. Trata-se da capacidade de reconfigurar novos arquivos emocionais, pois nosso cérebro está em contínua evolução. É como se tivéssemos um neurônio medroso que, após a decolagem, vai abrindo os olhos e, com um grito de felicidade e de superação, exclama:

– Olha! Estou voando!

Ele contagia os outros neurônios medrosos com a sensação de empoderamento, formando assim novos arquivos emocionais, permitindo um infinito cardápio de possibilidades, como Mara observou e destacou.

3

“TEMOS UM SENSOR NEUROFISIOLÓGICO DE AMEAÇA. E ELE NÃO ENTENDE PORTUGUÊS, HEBRAICO OU INGLÊS. ENTENDE O RESPIRÊS.”

RUY MARA Segura uma flor na mão direita e sente o perfume dela, e na outra mão assopra uma vela devagarzinho.

MARA LUQUET Mas eu não tenho flor nenhuma aqui em casa... Vela eu tenho.

RUY MARA Respire a flor, e assopre a vela... Imagina.

MARA LUQUET srsrs Ah, tá!

RUY MARA Respira o aroma da flor e devagar assopra a vela, desfruta.

MARA LUQUET Quanto tempo? Assopro quantas vezes?

RUY MARA Cinco... Devagarzinho... Como foi?

MARA LUQUET Muito bom... Deu vontade de ficar fazendo mais vezes.

RUY MARA Bom trabalho, faz e desfruta na pausa.

MARA LUQUET Fiz de olho fechado.

RUY MARA São ações que estimulam um departamento em nosso corpo responsável pelo relaxamento, sistema nervoso autônomo, ramo parassimpático... Passo a fonte pois vc é jornalista.

A RESPIRAÇÃO FOI – HOJE EU SEI – O QUE ME UNIU A RUY DESDE O COMEÇO, A PONTO DE ME JOGAR DE UM PRECIPÍCIO COM ELE. FOI POR MEIO DELA QUE MINHA CONFIANÇA NO PILOTO FOI CRESCENDO.

Respirar é muito simples. Ou não? Sempre desconfiei de que a respiração poderia ser a chave para muitos mistérios do nosso corpo e da nossa mente. Na malhação, na corrida, na natação, na consulta médica, sempre há o momento do "respire"... Respiramos fundo antes de começar a enfrentar um problema, respiramos rápido quando nos sentimos ameaçados e respiramos lentamente para relaxar.

Mas a verdade é que nunca prestei muita atenção à forma como respirava. Simplesmente porque não havia tempo. Sim, não havia tempo para respirar. Louca, eu? Não mais do que milhares de pessoas que são atropeladas pelas demandas diárias de família, trabalho, relacionamentos, questões financeiras e que simplesmente se esquecem delas mesmas e de suas necessidades fundamentais, como respirar, justamente o princípio de tudo. E nessa correria não comem bem, não se exercitam, não relaxam e não respiram como deveriam! Você certamente sabe do que estou falando, não é mesmo?

Por ironia do destino, todo treino para perder o medo e decolar com a "Na Marra Airlines" começava e terminava com respiração. Começamos o treino de respiração bem antes de nos conhecermos pessoalmente, durante as nossas conversas por uma rede social. Era por ali que nos falávamos diariamente.

Aprendi a respiração da flor e da vela poucas horas antes de sair de casa para ir à emissora. Era meu dia de coluna no *GloboNews em Pauta* e eu já tinha preparado os temas quando vi que a discussão da votação do projeto de lei que amplia a possibilidade de terceirização nas relações trabalhistas, que estava ocorrendo naquela quarta-feira, fazia o Congresso Nacional pegar fogo.

Eu teria poucas horas para mudar um dos comentários, apurar o que estava acontecendo, entrevistar algumas fontes e descobrir os pontos que ajudariam nossos telespectadores a melhor entender os impactos dessa votação na economia, no país e em suas próprias vidas.

Estava parada em frente ao computador pensando por onde começar, quando vi que Ruy estava on-line. Sempre que ele aparecia na internet, imediatamente eu me via despencando da Pedra Bonita e o medo se sentava ao meu lado. "Ah, não, piloto, esta definitivamente não é uma boa hora para eu ficar me preocupando com medo", pensei.

Ruy Marra: Dormiu bem?
Mara Luquet: Não. Fui dormir só às quatro da madrugada.

Eu vinha de um período em que meu estresse chegou aos níveis máximos e dormir era um luxo de que passei meses sem desfrutar. Foi nessa conversa que Ruy me ensinou a respiração da flor e da vela.

Ruy Marra: São só dois minutos. Topa fazer o exercício?
Mara Luquet: Topo.

Comecei a observar que meu corpo sinalizava conforto e minhas mãos estavam um pouco mais quentes. O corpo desacelerava, mas a mente clareava. O pensamento começava a se organizar e as ideias se acomodavam com tamanha clareza que era difícil acreditar que momentos antes eu estava às voltas com agendas e telefones, sem saber por onde começar a apurar minha coluna daquela noite.

Ruy Marra: Respire o máximo de vezes possível e observe seus batimentos. Você vai começar a aprender a influenciar suas emoções através da respiração, nervo vago.

E eu obedecia, porque eu faria qualquer coisa para encontrar coragem para fazer aquele voo.

Ruy Marra: Você vai notar seu rosto mais contraído, um sorriso interno. Você vai usar uma via biológica para influenciar suas emoções.

E foi assim que comecei a aprender que minha respiração estava clamando por atenção e que seria bom dedicar algum tempo para cuidar deste bem precioso, responsável pela comunicação com o meu cérebro, como dizia Ruy.

Mara Luquet: Valeu pelos exercícios!
Ruy Marra: Leva a flor para o trabalho.
Mara Luquet: Não largo mais essa flor, Ruy!

E não larguei mesmo. Ainda vamos falar muito sobre respiração neste livro. Vou contar um detalhe que faz toda a diferença e que será seu grande aliado para toda a vida, nos mais diversos momentos: #desfrutanapausa. Quando você inspirar, e também quando expirar, passe alguns segundos em apneia, ou seja, sem respirar. E nesses eternos segundos, desfrute, brinque, traga um belo sorriso interno. Mas é o Ruy quem vai explicar melhor de onde vem o poder quase sobrenatural de "brincar na pausa".

– Funciona! – falou David, com expressão surpresa e entusiasmada.

Até então eu não sabia maiores informações sobre a profissão dele, sequer tinha ideia de quem era aquela pessoa com quem eu estava sentado no chão, ao lado do quiosque, na área de pouso, treinando exercícios de respiração.

Eu fui procurado por Cordélia, amiga que tenho em comum com David, para fazer um voo de asa-delta com seu querido amigo. Mas o vento, que antes estava favorável, mudou de ideia e direção, fazendo-nos prolongar nossa conversa de amenidades regada a água de coco.

– Ruy, fiz um voo de asa-delta nos Estados Unidos e não gostei muito. Achei o instrutor muito impessoal e frio – comentou David, com olhar observador, possivelmente avaliando qual seria minha reação diante do que ele dissera.

– David, acredito que cada passageiro é único, como uma flor – disse eu.

Contei-lhe sobre a investigação que eu tinha feito com dois mil passageiros de asa-delta, avaliando suas emoções diante de uma decolagem, e orgulhosamente expliquei sobre a pós-graduação que realizei no Instituto Visão Futuro, coordenado pela dra. Susan Andrews. David disse que a conhecia de nome e, então, me aprofundei no assunto, já entusiasmado. Eu lhe dei uma breve aula de fisiologia sobre sistema nervoso autônomo, que ele acompanhou com interesse. Por fim, estendi o assunto para a influência da respiração nas emoções e comentei sobre dois exercícios de biopsicologia que recomendo e pratico para minha autorregulação emocional.

– Ruy, muito interessante! Mostre-me, por favor, isso me interessa – pediu David, com a curiosidade de um menino, mas com o interesse de um cientista.

Nós nos sentamos para executar o primeiro exercício, em que, após a exalação, fazemos uma pausa de até oito segundos. Repetimos o processo oito vezes.

– Funciona!

– David, estou falando sobre fisiologia, influência da respiração nas emoções e até neurobiologia, e percebo que você está compreendendo com destreza intelectual o assunto. Você trabalha nessa área? – perguntei, já um pouco desconfiado e quase envergonhado pela possível resposta que iria escutar.

David desviou seu olhar de forma suave e Cordélia tomou a frente na resposta.

– Então, Ruy, o David veio lançar um best-seller mundial no Brasil. O título é *Curar*. Trata-se de como curar o estresse, a ansiedade e a depressão sem medicamento nem psicanálise. Ele é neurocientista em cognição e diretor do Centro de Medicina Complementar da Universidade de Pittsburgh, nos Estados Unidos.

Aquele era David Servan-Schreiber.

– Ruy, você deveria escrever um livro também, pois falamos de assuntos similares por caminhos diferentes – sugeriu ele, serenamente. – Amanhã à noite teremos um encontro com alguns psiquiatras e psicólogos e gostaria muito que você viesse para conversarmos sobre respiração e *biofeedback* cardiovascular.

Os capítulos 3 e 4 do livro *Curar* trazem considerações sobre a relação cérebro-coração e sua mediação, realizada por exercícios respiratórios específicos. Este livro fala também da visualização desse funcionamento através de um *software*. Minha aula inaugural particular de *biofeedback* cardiovascular foi com o dr. David naquela noite. Observei as linhas na tela se alterarem conforme minha respiração, aparentemente sem muito controle. Falaremos sobre esse tema mais adiante.

* * *

– Ruy, não consigo escutar o técnico durante as lutas, me dá um branco e esqueço os golpes que aprendi – confessou Aline, habilidosa atleta de judô do Instituto Reação, com olhar suplicante.

Uma observação recorrente entre os demais atletas. Eram cerca de cinquenta selecionados para o alto rendimento e muitos deles falavam isso. Cada luta de Aline representava um processo de sofrimento, apesar da sua destacada técnica durante os treinos. A insônia na noite anterior à competição se transformava em ansiedade, temores e incertezas; materializava-se em lágrimas, prejudicando sua performance. O cérebro emocional sinalizava que poderia paralisar, fazendo sua força diminuir e sua memória desligar, para que pudesse fugir ou atacar, pois planejar não faz parte daquela área primitiva. O cérebro animal assumia o comando da ação, tornando Aline refém de um reflexo natural fisiológico. Segundo o psiquiatra, neurocientista e professor Stephen Porges, da Universidade de Stanford no livro *Teoria polivagal*, para utilizarmos uma estratégia defensiva adequada, duas tarefas adaptativas precisam acontecer: "avaliar o risco" e considerar "se o ambiente for percebido como seguro, inibir as estruturas das emoções mais primitivas, que ajustam os comportamentos de luta, fuga ou congelamento".

Através do treinamento sistemático da respiração específica, aliado a outras estratégias complementares, Aline aprendeu a conversar com seu cérebro animal. Foi campeã carioca de judô.

– Ruy, agora utilizo essa respiração para fazer as provas na universidade também. E a matéria, que antes eu esquecia, reaparece com clareza em minha mente. Como se a prática da respiração diafragmática fosse uma poderosa lanterna, iluminando os arquivos na minha mente – disse Aline, sorridente.

* * *

Mara estava aprendendo a dialogar com seu cérebro emocional também. E, através da respiração, tocava em áreas responsáveis por empatia, planejamento e execução dos movimentos, o que permitia que ela freasse suas emoções mais primitivas e liberasse sua ida aos céus.

"Quem acredita que educação é diferente de entretenimento ou divertimento não entende sobre educação", afirmava o escritor americano Mark Twain. Este era o meu desafio no Reação: aplicar a neurociência ao esporte de alto rendimento, em uma área de risco. Mas havia um grande suporte dos braços acolhedores do Reação, de todos os seus profissionais extremamente engajados, desde a liderança até os pedagogos, assistentes sociais, preparadores físicos e técnicos. Seria um desafio constante, que me obrigaria a me renovar diariamente, em todas as minhas dimensões. Como eu explicaria para Aline e os demais atletas sobre a importância da respiração?

Não existe carpinteiro com apenas uma ferramenta. Organizamos no Instituto Reação uma palestra informativa e vivencial sobre o que denominei Suplemento Emocional, aproveitando a analogia da importância dos suplementos nutricionais para os atletas. Quais estruturas são ativadas em situações de estresse? Seria possível influenciar nossas emoções quando ficamos nervosos, antes e durante as lutas? Como podemos ativar nosso foco para a vitória? A primeira fase para responder essas questões está fundamentada na respiração.

As demandas econômicas e socioemocionais, comentadas pela Mara, ativam áreas em nosso cérebro responsáveis pelas respostas de adaptação. O cérebro emocional, quando exposto a estímulos estressores repetidas vezes em um curto espaço de tempo, sente-se encurralado como um animal acuado. Os compromissos do trabalho, as questões financeiras e familiares se tornam predadores imaginários. Nesse cenário pós-moderno, estamos inconscientemente parando de respirar. Ansiedade e depressão são consequências disso, congelando-nos, impossibilitando nossos movimentos. Daí a dificuldade de sairmos da cama quando acordamos, a falta de vitalidade, os pensamentos confusos, a falta de libido, enfim, um sentimento de imobilidade.

Imaginemos a Mara na época das cavernas, saindo para caçar sua próxima refeição. Ao longe, ela avista um tigre-dentes-de-sabre e por isso para de respirar, assegurando assim que não será detectada pela fera. São reações primitivas, que ajudaram a proteger a humanidade por milhares de anos, mas que hoje estão sendo acionadas em momentos inadequados e estão nos fazendo adoecer.

Patrícia Rocco, chefe do Laboratório de Investigação Pulmonar do Instituto de Biofísica Carlos Chagas Filho (IBCCF) e professora associada da UFRJ, aponta que dores na coluna, excesso de estresse, insônia e mesmo perda do olfato podem ser consequências da respiração incorreta.

Nos treinamentos que precediam as decolagens, fossem de parapente ou asa-delta, eu realizava exercícios de respiração para foco e trabalho sensório motor, para melhor eficiência da corrida para o voo. E observei que 98% dos passageiros respiravam incorretamente.

A capacidade dos pulmões pode variar até seis litros, mas, a cada respiração, a maioria das pessoas utiliza apenas meio litro. Em situações de estresse, essa porcentagem diminui ainda mais. O linfologista americano Jack Shields traz em suas pesquisas a descoberta de que a respiração profunda é capaz de estimular a remoção de toxinas.

Ao utilizarmos a respiração diafragmática, nossos órgãos internos e o coração são massageados pelo músculo diafragma, como um spa interno para nossos órgãos vitais.

* * *

David Servan, em seu livro *Curar*, comenta sobre o relacionamento entre o cérebro emocional (límbico e primitivo) e um pequeno cérebro no coração como um dos pontos-chave para o domínio emocional. Ou seja, quando aprendermos a controlar nosso coração através da respiração, teremos mais chances de influenciar nossas emoções.

Esse relacionamento, ainda segundo Servan, é amparado por uma rede de comunicações de mão dupla denominada sistema nervoso periférico autônomo, que é dividido em dois ramos: o ramo simpático, como um acelerador do carro, responsável por reações como luta e fuga, liberando os hormônios adrenalina e noradrenalina; e o ramo parassimpático, que age como o freio do carro, nas ações de relaxamento, produzindo o neurotransmissor acelticolina. Ambos buscam a homeostase, o equilíbrio constante que possibilita a eficiência da nossa adaptação às diversas variáveis do meio: nova luta no tatame, incertezas econômicas, novos relacionamentos ou projetos.

Stephen Porges, doutor e professor de psiquiatria e bioengenharia na Universidade de Illinois, em Chicago, desenvolveu a teoria polivagal. Essa teoria sugere que o aprimoramento do nervo vago, nos mamíferos, promove a inibição do cérebro emocional para o estabelecimento de laços sociais.

A anatomia do nervo vago tem origem na parte de trás do bulbo raquidiano, uma estrutura cerebral que liga o cérebro e a medula espinhal, e que sai do crânio por uma abertura chamada forame jugular, descendo pelo pescoço e tórax até terminar no estômago. Durante o trajeto, o nervo vago, com vias bidirecionais, enerva a faringe, a laringe, o coração e outros órgãos. Através dele, o cérebro monitora e avalia como estão tais órgãos. Entre suas funções estão a produção de suor, a regulação da frequência cardíaca e da pressão arterial e o controle dos movimentos peristálticos dos intestinos, dos músculos e da boca. O nervo vago pode controlar sua vida.

Porges sugere a avaliação do tônus vagal como indicador de vulnerabilidade ao estresse. Através de uma pausa de até oito segundos na respiração é possível tonificar o nervo vago, como uma musculação emocional.

Diante da possibilidade de uma apresentação em público, ficamos nervosos e apreensivos e nossa respiração passa a ser torácica e inconstante. Às vezes, até paramos de respirar. Nossa qualidade de sono diminui e, com o intuito de nos acalmarmos, geralmente repetimos a frase: "Não posso ficar nervoso! Não posso ficar nervoso!" E o que geralmente acontece? Aceleração do coração, falta de ar, tremor, dor no peito e um desconforto no estômago.

Uma boa atitude nesses casos é começar "explicando" o contexto para o eixo coração-cérebro por meio de uma exalação lenta. Ao final de cada exalação, é indicado realizar uma pausa que pode durar de quatro a oito segundos, no máximo, e depois inalar lentamente. Isso ajudará na retirada do dióxido de carbono residual dos pulmões e, quase que instantaneamente, seus batimentos cardíacos irão diminuir. É um idioma antigo, mas atualizado, que nos acompanha nesse planeta: o "respirês".

Iogues praticantes do tantra, ligados à espiritualidade há mais de sete mil anos, já faziam exercícios respiratórios acoplados às posturas que exploravam as pausas na inalação e na exalação. É uma técnica conhecida como *kúmbha* ou *kúmbhaka*, que significa "cântaro". *Kúmbhaka bandha* é a respiração completa, com ritmo e contrações. É um dos exercícios mais importantes da ioga, com forte atuação nos órgãos internos, nas glândulas endócrinas e nos plexos nervosos, segundo a definição do professor de ioga Pedro Kupfer.

"Estar cheio de vida é respirar profundamente, mover-se livremente e sentir com intensidade", afirma o psicanalista Alexander Lowen, um dos pioneiros da psicoterapia mente/corpo conhecida por Bioenergética, no livro *O corpo em terapia: a abordagem bioenergética*.

Mover-se livremente! A respiração irá mediar o repertório das suas emoções e a amplitude adequada dos movimentos na vida, liberando sua ida para os céus, assim como fez com Mara.

4

“SUA AMÍGDALA CEREBRAL FICA NERVOSA

E A CULPA É MINHA?”

RUY MARRA E a respiração?

MARA LUQUET Estava fazendo... Apneia é parar de respirar?

RUY MARRA Sim. Observe que parte do seu corpo sinaliza esse conforto. As mãos estão um pouquinho mais quentes

MARA LUQUET Então a sequência é: eu paro de respirar, depois inspiro com confiança e depois solto o ar, certo? Peraí, deixa eu fazer de novo... Fiz, sinto, acho que as mãos estão mais quentes

RUY MARRA Coloque suas mãos na sua face... Isso irá tirar sua dúvida

MARA LUQUET É verdade!!! Estão mais quentes... rsrsrsrs

RUY MARRA Estão pulsando?

MARA LUQUET Sim... Deveria ter feito ontem.... Eu estava bem pilhada!!! Culpa sua, porque fiquei vendo aquele vídeo trocentas vezes.

RUY MARRA Sua amígdala cerebral fica nervosa e a culpa é minha? rsrsrs

MARA LUQUET rsrsrs Claro, é vc que manda o vídeo!!

RUY MARRA E quem montou sua amígdala?

"QUEM MONTOU MINHA AMÍGDALA? MAS, PILOTO, EU NEM TENHO AMÍGDALA", PENSEI... FOI A PRIMEIRA E ÚNICA CIRURGIA QUE FIZ NA VIDA ATÉ AGORA. EU ERA BEM CRIANÇA, ACHO QUE LÁ PELO ALTO DOS MEUS SETE ANOS, MAS ME LEMBRO DE TER FICADO INTERNADA NO HOSPITAL RECEBENDO PAPARICOS DE MÃE, PAI E AVÓS, PORQUE IRIA OPERAR A GARGANTA E TIRAR A AMÍGDALA.

Pensar em amígdala me remetia a coisas muito boas, embora o cenário fosse um hospital. Não me recordo de ter recebido tantos mimos na vida quanto aqueles de que desfrutei quando estava internada.

E agora o piloto neurocientista diz que o suor nas mãos, a palpitação e o medo que eu sentia ao ver o vídeo do voo que ele fez com uma advogada eram culpa da minha amígdala!

Ele se referia, é claro, à amígdala cerebral, que estudamos nas aulas de biologia, mas que deixamos para lá tão logo passam as provas e conseguimos nosso diploma, para tentar vestibular e seguir a carreira que escolhemos.

A não ser que você tenha escolhido a carreira médica, amígdalas realmente não farão parte da sua vida adulta e você, simplesmente, nunca mais pensará nelas. Porém, elas estão lá, vão acompanhá-lo até o fim e você verá que elas têm mais influência em sua vida do que jamais pensou. Portanto, dedique um tempo para conhecê-las melhor.

Eu e Ruy conversamos bastante sobre a amígdala cerebral – que também tem o formato de amêndoa, daí o nome igual ao da xará que fica na garganta (amígdala palatina). É especialmente engraçado quando ele imita minha amígdala se negando a voar enquanto eu dizia que seria a melhor decolagem da vida dele. A amígdala cerebral faz parte do sistema límbico, que fica no coração do cérebro humano e é responsável por nossas emoções. É a parte mais primitiva do cérebro. Lá no fundo está a amígdala, um grupo de neurônios responsável pelo medo.

Então, quando cheguei confiante à rampa repetindo para Ruy que iria correr muito na decolagem, era o córtex pré-frontal, a parte racional do nosso cérebro, que fica localizada atrás da testa, logo acima dos olhos, que estava falando. E essa parte do cérebro definitivamente não havia combinado seus planos com a amígdala cerebral. É ela a responsável pela atenção, pela concentração e pela inibição dos impulsos e dos instintos. Quando uma pessoa planeja o futuro – guardar dinheiro para a aposentadoria, por exemplo –, é o córtex pré-frontal que está no comando. Já quando sai torrando o cartão de crédito sem se preocupar com o amanhã, a culpa é do sistema límbico.

Por aí você pode ver o quanto esses dois cérebros brigam. Não é raro estarem em desacordo. Na rampa não foi diferente. Não fosse o Vinícius, assistente do Ruy, a me empurrar daquela rampa, acho que a amígdala teria feito seu trabalho e eu teria segurado o piloto, a asa-delta e os 200kg (dele e da asa, porque eu sou uma pena de tão leve...).

Mas eis que a amígdala dessa vez perdeu a batalha e eu ganhei os ares. Não sei exatamente como funciona, mas a respiração que treinamos um mês inteiro antes do voo, e que comecei a praticar tão logo meus pés sentiram que não havia mais chão, a acalmou.

A sensação de medo foi dando espaço ao prazer de poder voar. Durante todo o voo praticamos o que Ruy batizou de Ioga no Céu. Esses exercícios de respiração acalmam e nos ajudam a achar o foco. Aliás, não só o foco – as chaves e o cartão de crédito também!

Costumo perder coisas com uma frequência maior do que a média das pessoas ditas normais, em especial chaves e cartão de crédito. Não raro tenho que cancelar o cartão porque o perdi. Na verdade, perder é um eufemismo para "nunca saber onde deixo as coisas" – como minha mãe repete sempre. Numa dessas vezes, já com a receita de "respirês" do Ruy em prática, parei de procurar o cartão e respirei. Bingo! A imagem de onde tinha deixado o cartão veio como mágica à minha mente.

Esse negócio de respirar já começava a operar milagres em minha vida... E era só o começo, como você vai ver ao longo dessa aventura.

Segundo Ruy, o que ocorre é que a prática da respiração correta providencia a ativação das áreas cerebrais responsáveis por planejamento, empatia e execução do movimento.

Contei o que aconteceu e ele sugeriu que eu passasse a exercitar a respiração e o olhar. Como uma máquina fotográfica, para tentar "perder" menos as minhas coisas. A cada movimento que eu executar, segundo Ruy, devo respirar e fotografar com os olhos.

– Por exemplo, você coloca as chaves na bolsa, exala e faz uma fotografia com os olhos. Sendo assim, você registrará o local onde guardou – explicou ele.

Eu começava a sentir os efeitos que aquele treinamento iria deixar – e não era pouca coisa, dado o tempo que em geral eu perdia procurando chaves, cartões, óculos, documentos... Só para ficar nos itens mais comuns.

– Ruy, é por isso que acredito no seu programa para regulação das emoções e foco, através do esporte de aventura e da respiração – afirmou, de forma inesperada, o neurocientista e psiquiatra holandês Bessel van der Kolk.

Era uma palestra sobre estruturas cerebrais ativadas pelo medo durante o workshop sobre "Trauma, Memória e Restauração do Self", realizado em maio de 2013 na Escola Brasileira de Cirurgiões, no Rio de Janeiro. Van der Kolk se referia a uma apresentação que eu havia feito anteriormente sobre a influência nas emoções, o desenvolvimento de foco e o transtorno de ansiedade utilizando a respiração diafragmática, com pausa durante a prática do esporte de aventura. Referência mundial, Van der Kolk é considerado como o maior especialista no estudo do estresse pós-traumático, com sete livros publicados (todos sobre memória e trauma) e uma longa lista de artigos em revistas especializadas abordando o TEPT (Transtorno do Estresse Pós-Traumático), efeitos do trauma em geral, trauma infantil e temas relacionados.

Fui surpreendido por sua afirmação e, ao mesmo tempo, premiado pela confirmação de que estava trilhando um possível caminho, como um GPS ou uma bússola, informando a direção da minha jornada neste planeta.

O conteúdo da apresentação de Van der Kolk no workshop convergia com o assunto que tínhamos conversado, e ele havia me avisado que comentaria sobre as possíveis bases teóricas. Inicialmente, ele expôs o caso de uma mulher chamada Helen, faixa preta de caratê, que fora estuprada por um homem de porte franzino e sem armas. "Fiquei paralisada. Não conseguia mexer meus braços ou minhas pernas, congelei", disse ela. E, mesmo meses após o trágico ocorrido, Helen, ao avistar homens mal-encarados na rua, sentia-se acuada e, quase congelando de novo, atravessava a rua desesperadamente, correndo um grave risco de ser atropelada. Onde estariam suas habilidades como atleta experiente? Ela era campeã de uma arte marcial eficaz, e que poderia ser mesmo fatal, se efetuasse golpes específicos em seus adversários.

Existe um programa nos EUA para vítimas de estupro, que começou há mais de trinta anos, a partir do caso de Helen. As pessoas do grupo são convidadas a experimentar a respiração diafragmática juntas, durante três meses. Após essa etapa, todas fazem essa respiração em grupo, observando um filme com homens mal-encarados. No módulo seguinte, aprendem golpes de defesa pessoal, a fim de trabalhar seus sentimentos de autoestima e autoeficácia. E, por último, no dia da graduação do curso, as mulheres enfrentam, uma a uma, homens mal-encarados no tatame, onde, em vez de congelar, são incentivadas pelo grupo, agora empoderado emocionalmente, para dar continuidade à ação que antes fora paralisada durante o estupro. É uma maneira de reconectar o cérebro emocional com o racional, a fim de utilizar novas estratégias adaptativas saudáveis, anulando a sensação de imobilidade e o medo de estupro que essas mulheres sentiam.

Quando falava sobre esse caso, Van der Kolk apresentou um esquema do circuito cerebral de um experimento do psiquiatra e também neurocientista Joseph LeDoux, pesquisador do laboratório sobre a investigação do medo na Universidade de Nova York. O estudo foi um dos pioneiros a demonstrar que nossas reações perante as ameaças não são identificadas no cérebro racional.

Na rampa de voo livre, observei mais de 2 mil passageiros expostos a um medo real. Nas competições, às vezes atletas de alto rendimento, com performances destacadas durante os treinos, desapontavam nos resultados oficiais, embora apresentassem superioridade técnica reconhecida inclusive por seus adversários. Em algumas empresas, colaboradores que eram admitidos com um excelente currículo acabavam demitidos por um comportamento prejudicado por algum tipo de desligamento.

Qual ou quais estruturas seriam responsáveis por desligar a chave entre o querer e o sentir/ fazer? Seria possível fortalecer esse ou esses caminhos? Como poderei te ajudar na decolagem? Lembra-se do norueguês Jorgen, com a personalidade do diamante? Uma das características dessa personalidade é a respiração regular e pausada, mesmo diante de uma ameaça – que, no caso, era altura, mas poderia ser um novo projeto, um novo relacionamento, enfim, qualquer movimento para fora da nossa zona de conforto.

Ao contrário de Jorgen, havia as pessoas que apresentavam uma respiração irregular e um olhar mais difuso na rampa. Essas pessoas ficavam inquietas diante do novo desafio, diminuindo sua performance, desligando-se na ação. Seria possível que pudessem aprender novas estratégias de adaptação?

Existe uma janela de desligamento que pode variar em uma escala de um a cinco, em que um corresponde à paralisação e cinco representa eficiência no movimento.

A amígdala cerebral, como um disjuntor de eletricidade que, quando sobrecarregado pelo sentimento de impotência diante de uma ameaça, conduz o estímulo para áreas mais primitivas do cérebro, nós podemos até congelar, ou entrar em dissociação muscular, o que ocasiona perda de performance na execução do movimento.

Em formato de amêndoa, a amígdala cerebral vem sendo estudada há anos por pesquisadores. Ela é conectada às diferentes fontes de informações: hipocampo (memórias e contextos), tálamo sensorial (avaliação do estímulo), córtex sensorial (objetos), córtex nasal (memórias) e medo (reações e experiências). Mais recentemente, outra estrutura, a ínsula, que faz a mediação da amígdala com o cérebro racional, foi identificada como uma tradutora de sons, cheiros e sabores em sentimentos e emoções, como culpa, empatia, arrependimento ou orgulho.

Associada a outras estruturas responsivas, funciona como um detector de ameaças. Dessa maneira, assegurou a sobrevivência da humanidade ao longo de milhares de anos.

Na época das cavernas, mais uma vez Mara sai de seu abrigo natural em busca de alimento. Em uma floresta repleta de predadores e perigos, ela avista uma mangueira com algumas frutas maduras, derramadas ao pé da árvore. Esgueira-se pela mata e, quase sem respirar, avalia o ambiente em 360 graus, repetidas vezes. Como vocês pensam que Mara degustará aquelas mangas, depois de andar algumas horas esquivando-se de animais ferozes?

Relaxada, sentada tranquilamente, desfrutando o sol acolhedor ou em estado de alerta, pronta para correr e escapar de alguma provável ameaça? Esse estado de prontidão constante pode levar a alterações morfológicas nas estruturas cerebrais. Ou seja, experiências no começo da vida podem influenciar no comportamento da vida adulta.

Alguns estudos relacionam alterações estruturais da amígdala a situações de estresse. Porém, os mesmos podem ser conflitantes.

Voltando ao circuito cerebral de Joseph LeDoux, apresentado na palestra já citada, existem dois caminhos traçados para respostas às ameaças no cérebro, depois que a amígdala (possivelmente junto com a ínsula) sente se poderá ou não lidar com o perigo percebido. Caso seja disparado um alerta, este é enviado para áreas mais primitivas do cérebro como estímulo, em 12 milésimos de segundo, o que pode diminuir a eficiência da resposta, ocasionando dissociação muscular ou mesmo congelamento. E há outro caminho, que é percorrido em 24 milésimos de segundo durante os quais sentimentos de competência, empatia, planejamento e execução de movimentos são ativados nos lobos frontais, gânglios da base conhecidos como "lobos dos anjos".

Mara estava aprendendo a se comunicar com seu sensor de ameaça através da respiração, como se houvesse um modo memória em nosso hardware e ele funcionasse com uma respiração pausada e os olhos direcionados para sua ação. Antes, sucessivos estados de prontidão, devido ao excesso de tarefas acontecendo simultaneamente, tinham diminuído as ações de relaxamento de seu corpo. Eram cascatas de cortisol, hormônio do estresse, que, em quantidade excessiva, estava afetando e destruindo as células do hipocampo, área do cérebro responsável pela memória. Ao ativar essas ações de relaxamento, Mara conseguia oferecer ao seu corpo um período de restabelecimento dessas células, bem como de outros sistemas, entre eles o imunológico. Resultado: menos resfriados e alergias, mais eficiência da memória!

* * *

– Vai, Joana! Vai! – gritou um instrutor de paraquedismo das Forças Especiais.

O cenário era um avião com soldados das Forças Especiais realizando um curso de paraquedismo. Entre eles havia uma médica, Joana, cardiologista, comprometida com seu trabalho e disciplinada ao extremo. Ela dedicava seu tempo de forma equilibrada a seus atendimentos de rotina, estudos e exercícios físicos, incluindo treinos de corrida. Saltar daquele avião significaria a concretização de mais uma etapa estratégica no seu histórico de trabalho, pois assim ela poderia exercer sua função acompanhando as tropas em ação. No aspecto pessoal, o êxito no curso assinalaria mais um ciclo que fortaleceria sua alma através da autoestima e do sentimento de autoeficácia, abastecidos pela poderosa vivência por conduzir seu corpo naquele salto de 4 mil metros, a uma velocidade de 180 km/h e, por fim, tocando o planeta como uma pluma.

A fila de combatentes estava formada no corredor do ruidoso avião. Havia uma sinaleira que acendia a cor verde, indicando que seria o momento do salto, e a vermelha, para a espera.

Caso saltasse no vermelho, o soldado estaria muito longe da área de pouso, o que implicaria em risco, pois sairia de uma área rural e enfrentaria obstáculos que poderiam ser fatais, tais como fiação elétrica, postes e até mesmo prédios.

A vez de Joana estava chegando; havia dois soldados à sua frente. Seu sensor de ameaça informava que ela não seria capaz de saltar, embora desejasse exatamente o oposto. Começava então uma batalha desigual entre as três Joanas: cérebro racional (neocórtex), cérebro límbico e cérebro primitivo ou reptiliano. Os dois últimos (o límbico e o primitivo) se unem e começam a paralisar Joana: falta de ar, vertigem, batimento cardíaco muito acelerado, mãos trêmulas, assumindo configuração de garras, e a sensação de que poderá morrer, pois perderá o controle da situação. Em momentos assim, estruturas defensivas são ativadas através de mensagens enviadas pelo tálamo ao córtex cerebral e à amígdala, que ordena que as glândulas suprarrenais despejem adrenalina no sangue. Os batimentos cardíacos ficam mais rápidos e há mais oxigênio no sangue, preparando os músculos para lutar ou fugir em vez de saltar de paraquedas. Por fim, o cortisol, hormônio do estresse, é produzido em superdose, ativando o sistema imunológico, que fica preparado para o caso de haver algum ferimento. Chegara a vez de Joana. Sinal verde! Ela estava paralisada, pupilas dilatadas e olhos saltando das órbitas, como se avistasse um terrível predador.

– Vai, Joana! – repetiu o instrutor.

De forma rápida, dois experientes instrutores se postaram ao lado dela e pularam os três, com segurança. Mas Joana havia falhado.

Passaram-se alguns meses e Joana soube que haveria novo curso, mas, só em pensar no salto, seu coração pulava. Alguns dos sintomas surgiam quase que de modo instantâneo, como se parte do seu cérebro estivesse aprisionado para sempre naquele sentimento de impotência, como um limbo emocional. Todos nós já passamos por algum tipo de situação em que nos sentimos impotentes, rejeitados ou mesmo ameaçados.

Lembro-me de quando eu estava no ensino médio. Sempre que apresentava algum trabalho em minha sala de aula, com aproximadamente cinquenta colegas, um coro começava a surgir e aumentava conforme eu me aproximava do quadro, numa espécie de ritual da classe:

– Vai ficar vermelho! Vai ficar vermelho! Vai ficar vermelho!

Minhas bochechas esquentavam e eu mirava a porta, a possível fuga daquele terrível predador formado pelos meus cinquenta amiguinhos. Anos mais tarde, quando fui realizar uma de minhas primeiras palestras sobre esporte e gestão do estresse, para uma plateia de aproximadamente novecentas pessoas, alguns daqueles sintomas ensaiaram voltar ao meu corpo. Logo no início, as palavras sumiram da minha mente e eu fiquei alguns segundos olhando para aquelas pessoas. Aos poucos, fui recuperando o conteúdo e, no fim, o CEO da empresa, que havia sugerido meu nome para o evento, veio me parabenizar. Observando que minhas bochechas estavam bem vermelhas, ele disse que achava que haviam exagerado no meu blush.

Há uma grande discussão entre os neurocientistas sobre o ressurgimento desse medo. Joseph LeDoux, por exemplo, trata essa questão como "a indelebilidade das memórias emocionais".

Joana estava determinada a fazer nova tentativa, mas teria que conseguir uma justificativa plausível para seu comandante autorizar sua admissão, em função de aspectos de segurança e mesmo financeiros.

Meses depois da primeira tentativa, eu a recebi para começarmos um trabalho, com planejamento de oito sessões de uma hora. Nosso foco seria reavaliar suas estratégias cognitivas diante do evento, bem como suas estratégias psiconeurofisiológicas adaptativas para aquele cenário, com o objetivo de fortalecer as vias das suas habilidades durante o curso. "Vias das habilidades específicas", segundo Bessel Van der Kolk.

Um ano depois, Joana estava de volta ao ruidoso avião. Porém, dessa vez, trazendo um sorriso interno, conforme o registro de seu filme. Sinal verde na porta do avião.

– Vai, Joana! – gritou o instrutor de salto.

Joana vai até a porta do precipício voador com andar determinado, porém suave. E salta para sua aprovação.

Eu estava ansioso para saber novidades sobre o curso de Joana quando recebi um e-mail dela. Tinha uma foto em que ela aparecia de costas para o precipício voador. Sua face estampava um sorriso suave. A mensagem era a seguinte: "Bom dia, meu amigo. Precisava te mandar essa foto, pois lembro que você sempre me perguntava sobre o sorriso interno."

O sorriso, mesmo saindo da zona de conforto, traduz a disponibilidade emocional para a vida. A decolagem se torna uma oportunidade de o indivíduo acessar infinitas possibilidades. Nosso sensor de ameaça compreende o "respirês" e o sorriso interno.

Quinze dias depois, compareci à formatura do curso. Joana foi a primeira mulher aprovada naquele curso de operações especiais. Vai, Joana!

5

"O MEDO É IMPORTANTE, O DESAFIO É DOSAR."

RUY MARRA O corpo precisa aprender a desacelerar, podemos falar sobre isso.

MARA LUQUET Quantas vezes por dia faço o exercício da respiração?

RUY MARRA O máximo de vezes possível. E observe seus batimentos, vc vai começar a aprender a influenciar suas emoções através da respiração, nervo vago.

MARA LUQUET O q é nervo vago?

RUY MARRA Ele tem inserções desde a nossa cervical, músculos da face, órgãos internos, braços e pernas, bidirecionais, mediando emoções, pressão arterial, temperatura do corpo e execução de movimentos. É um indicador de vulnerabilidade do estresse. Essa respiração tonifica esse nervo. Talvez nem seu cardiologista tenha ideia da possibilidade de práticas para influenciá-lo.

MARA LUQUET Vc já pensou em estudar finanças comportamentais?

RUY MARRA Esse processo ajuda a mediar nosso processo decisório e se aplica a qualquer área. Pode ser um excelente tema para doutorado: neurobiologia e processos decisórios em finanças

UM DOS PIORES REFLEXOS DO ESTRESSE É O MEDO. PASSAMOS A TER MEDO COM UMA FREQUÊNCIA MAIOR DO QUE A DESEJÁVEL E SEQUER NOS DAMOS CONTA. O MEDO É IMPORTANTE PARA NOS MANTERMOS LONGE DE ENRASCADAS, QUE PODEM COMPROMETER NOSSA SOBREVIVÊNCIA. É O MEDO BOM, QUE NOS PROTEGE. MAS TAMBÉM HÁ O MEDO MAU, AQUELE QUE NOS PARALISA. É ESTE MEDO QUE VEM COM AS ALTAS DOSES DO ESTRESSE. ELE VAI CHEGANDO E TOMANDO CONTA DA SUA VIDA. QUANDO VOCÊ SE DÁ CONTA, JÁ NÃO É O MESMO DE ANTES E NÃO ESTÁ APENAS COM MEDO, MAS TAMBÉM SEM DISPOSIÇÃO, SEM BOAS IDEIAS, COM GRIPES E RESFRIADOS CONSTANTES, UMA FORTE SENSAÇÃO DE QUE NÃO ESTÁ DANDO CONTA DE ENTREGAR TUDO O QUE TEM PARA FAZER (E EM GERAL NÃO ESTÁ MESMO), O QUE VAI DEIXÁ-LO AINDA MAIS DESANIMADO.

Sim, você está estressado e sem saber como colocar as coisas em ordem. Sua rotina entra num vaivém de tarefas, sem que você finalize nenhuma delas da forma como gosta, preza e sempre fez.

Um forte indicador de que seu estresse começa a ter níveis preocupantes é o sono. Você está cansado, com sono durante todo o dia, mas à noite, na hora em que deveria dormir, está pilhado. Não consegue dormir uma noite completa. São muitas as pessoas com quem tenho conversado e que compartilham do mesmo problema. Pessoas que não se veem em situação de estresse intenso (eu também não me via), mas que observam esse pequeno problema de não conseguir ter um sono sem interrupções. Voltaire dizia que "os céus nos deram duas coisas para compensar as inúmeras misérias da vida: a esperança e o sono". Eu acredito nisso. Sem uma noite tranquila de sono, suas chances de ser produtivo no dia seguinte se reduzem fortemente. E, ainda pior, cresce também sua suscetibilidade às provocações diárias que a vida nos impõe. Ou seja, paciência, persistência e tolerância, que ajudam a superar os obstáculos que sempre aparecem, ficam bastante fragilizadas.

Por isso, é preciso uma reorganização de seus hábitos. Calma! Não se trata aqui da velha conversa de trabalhar menos, comer melhor e praticar esportes. Afinal, você é uma pessoa importante, produz intensamente e é imprescindível, portanto não pode parar. Ok, sabemos disso e não queremos carregar a culpa de reduzir sua produtividade.

Mas a proposta é justamente o contrário. Um segredo que vai ajudá-lo a melhorar muito sua performance na vida, profissional e pessoalmente. Foi assim que aconteceu comigo: uma noite de sono libertadora, depois de muitos meses em que as horas de sono eram cada vez mais escassas.

* * *

– Para dormir, desligue seu celular e seu computador uma hora antes – sugeriu Ruy.

Mas isso não basta. É preciso ainda colocar um aroma de lavanda no quarto (ou qualquer outro de que você goste) e uma música ambiente que acalme seu sensor de ameaça. Ganhei esta sugestão do Ruy, está no Youtube: "Meditation Music Relax Mind Body: Deep Relaxation Music, Sleep Music, Yoga Music, Spa Music". Eu a uso até hoje. Com esse ambiente preparado, cuide então da respiração.

– Convide o ar para conhecer seu corpo. Ele será recepcionado por cada célula e, na exalação, sairá de forma suave. Convide-se para preparar o acolhimento, visando a um sono de qualidade – ensinou o nosso neuropoeta.

E assim eu fiz. Por uma hora inteira, fiquei "sem fazer nada", rigorosamente nada. Só prestando atenção à minha respiração. Acabou a música e fui dormir. Quando acordei, já era dia, com sol, e eu estava muito disposta. Há tempos não era recepcionada pelo sol da manhã ao acordar. Minha rotina era levantar ainda de madrugada, ler alguns jornais que já estavam disponíveis no tablet e começar o dia.

Daquela vez foi diferente. Acordei bem-disposta e, como de costume, fui correr. Mas naquela manhã tive vontade de ir ao parque e não à academia, como sempre fazia. Então andei até o Ibirapuera, que fica a quinze minutos da minha casa, corri, caminhei, ouvi música, me alonguei e, ao voltar para casa, comprei frutas pelo caminho.

Não preciso dizer o quanto aquela noite bem-dormida melhorou todo o meu dia. E assim tem sido. Notei que estou mais paciente e já não me aborreço mais com tanta facilidade; na verdade, não quero mais me aborrecer com nada, que é para não quebrar esta sensação boa que se renova a cada noite bem-dormida. Algumas pessoas pedem, insistem, até imploram para que a gente solte os cachorros. Mas aviso que agora está bem mais difícil porque, com hábitos que conspiram para me fortalecer, é necessário um esforço fenomenal para me tirar do sério.

"Perder uma hora" para preparar o sono pode parecer uma excentricidade. Mas experimente fazer isso apenas uma vez. Foi o que aprendi com Ruy nesses trinta dias: nada seria para sempre. Apenas aceitei suas sugestões, porque elas me ajudariam a superar o medo, a fim de fazer a matéria para a qual fui pautada. Como repórter, nunca fui uma derrubadora de pautas – ao contrário, sempre trouxe as matérias. Daquela vez não seria diferente. Uma vez pautada, eu iria fazer a matéria.

Mas, ao me permitir essas experiências sugeridas pelo Ruy, minha rotina foi mudando e, o que é incrível, meu corpo foi se acostumando de tal forma que, mesmo depois do voo e já sem a obrigação de seguir o treinamento, já não se permitia voltar aos velhos hábitos. E assim foi...

Você já tem uma boa ideia sobre a importância da respiração para o cérebro. Quanto ao sono, só posso testemunhar os efeitos. A explicação fica por conta do neuropiloto.

O curso para aprendiz de piloto de asa-delta ou parapente possui uma duração média de dois a cinco meses. Alguns fatores contribuem para essa diferença de tempo: previsão meteorológica para os dias de aprendizagem, intensidade e direção do vento e disponibilidade emocional do aluno, que envolve o sentimento de medo.

Sou a prova viva de que todos poderão voar de asa-delta ou parapente qualquer dia. Foram doze meses seguidos dedicados a convencer minha alma e meu corpo de que eu poderia me atirar de uma altura de 520m e que chegaria inteiro à praia de São Conrado, local de pouso.

O horário marcado pelos meus queridíssimos instrutores, Paul Gaiser e Carlos Niemeyer, era geralmente às 4h50 da madrugada e o local de treinamento ficava distante uns 35km do ponto de encontro. A ansiedade era o meu despertador: eu acordava a cada duas horas. Nessa época, trabalhava como estagiário de direito, começando às nove da manhã no Centro da cidade. Depois, à noite, corria para a faculdade.

No local de treinamento havia uma elevação de aproximadamente trinta metros. A dinâmica do curso era fundamentada na evolução do controle da asa: começava com corridas no plano e ia avançando até o topo de um morrote, conforme a performance do aprendiz de passarinho.

– Carlinhos! Onde coloco a asa? – perguntei a meu mestre, Carlos Niemeyer, esperançoso de que poderia levar a asa-delta para o topo do morrinho, pois meus colegas, que haviam começado comigo, já estavam voando da rampa da Pedra Bonita e eu ainda estava na parte inferior.

– Ruy, monta a asa no início do morrinho! – respondeu ele, com um tom cauteloso, mas firme.

Recebi a informação com uma sensação difusa: uma parte de mim estava desapontada, em função da minha visível falta de evolução técnica; mas, em contrapartida, eu estava aliviado por não ter que me arriscar, pois tinha muito, muito medo. Até hoje, não sei bem por que fui me envolver nessa empreitada aérea.

"Exponha-se aos seus medos mais profundos; depois disso o medo não tem poder, encolhe e desaparece. Você é livre", afirmava o músico Jim Morrison, do The Doors. O fim da história vocês já conhecem. Tornei-me duas vezes campeão brasileiro de voo livre, recordista sul-americano de distância, recordista mundial de voos duplos (mais de 26 mil voos realizados) e fui o primeiro voador de parapente no Brasil, com a matrícula 001 na minha habilitação. Mas eu tinha muito medo. E essa emoção ou esse sentimento foi se ajustando de forma saudável à minha vida.

Cada vez que iria voar com algum passageiro que apresentava sintomas de ansiedade ou medo excessivo, eu me lembrava do meu curso, dos meus próprios medos. Isso me trazia empatia, me fazia compreender e, dessa forma, me esforçar para ajudar o passageiro naquela jornada do herói.

Imagine que alguém comenta que está com uma febre muito alta. Se você nunca teve uma, provavelmente não poderá imaginar os sintomas ou desconfortos que isso traz. Para mim, o medo excessivo é uma febre muito alta que pode ser tratada, sobretudo com acolhimento e respeito.

* * *

– Ruy, um dia você me leva para voar? – perguntou-me Ricardo, queridíssimo amigo de colégio e adolescência, assim que ele soube que eu estava ensaiando os primeiros voos de asa-delta.

Eu tinha uma "dívida" esportiva com ele porque, ainda nos tempos de escola, pedi a ele que me ensinasse a surfar. Nada mais justo do que uma retribuição aérea à paciência que ele havia dedicado na época ao seu amigo nerd e desajeitado.

Como ele, surgiram alguns amigos e amigas corajosos – não tantos como eu gostaria, pois ainda era o início do voo duplo no Brasil e no mundo. Eram realizados uns vinte voos acompanhados por mês em São Conrado, inicialmente com o piloto amigo e pioneiro Casimiro.

Ricardo, meu amigo e instrutor de surfe, ao chegar à rampa, estava entusiasmado e muito contente. Temos a mesma idade e, na época, estávamos com vinte anos.

Treinei a corrida pré-voo e, na rampa, meu amigo continuava com seu sorriso triunfante, até tocarmos o céu e pousarmos com toda a segurança, tendo a linda praia de São Conrado como testemunha do pagamento da minha dívida esportiva com ele. Assim que pousamos, ele decidiu começar seu curso também. O estado de contentamento do Ricardo foi contagiante e, pouco a pouco, um sentimento de gratidão e felicidade foi despertando em mim o olhar mais cuidadoso pelo próximo. Como se esse estado de luz começasse a fazer parte da minha dieta emocional.

E esses alimentos você não encontra nas prateleiras dos supermercados. Eles são colhidos na qualidade da conexão que fazemos com as pessoas. Nós, seres humanos, fomos feitos para nos conectar uns com os outros.

Quando desenvolvemos a sensação de pertencimento, a glândula hipotálamo, localizada no cérebro, produz a ocitocina, hormônio do amor, que contribui com sentimentos de prazer, encantamento e maior resistência às dores. Daí a importância da participação em grupos de apoio, nos quais nos identificamos com indivíduos que compartilham dos mesmos traumas ou doenças que nós, no rumo da cura. Assim, nós nos sentimos mais fortes e capazes.

De forma bem homeopática, foram aparecendo os amigos dos amigos também. Eu poderia, de forma empírica, correlacionar suas reações na rampa com a educação que receberam ou com acontecimentos na infância, mas eu o fazia de forma inconsciente ou mesmo aleatória, sem pensar tanto sobre isso. Afinal, não eram muitos candidatos, mas algumas reações se destacavam. Talvez esses fatos tenham me ajudado a formular, posteriormente, a pesquisa sobre o efeito da percepção do afeto na infância, das brincadeiras e interações sociais ao longo da vida associados à resiliência e sua influência no sistema nervoso autônomo. Crianças necessitam de amor para se desenvolverem de modo saudável.

O medo pode ser uma emoção irracional a ser superada com uma reavaliação cognitiva emocional, com informação e treinamento. Existe o medo que paralisa e aquele que assegura nossa sobrevivência. O desafio é dosar. Isso requer autoconhecimento com entrega, através de um olhar que começa na respiração, passeia pelos batimentos cardíacos, pelas extremidades do corpo e pela contração da face e desemboca nos pensamentos; depois, volta para a respiração, criando-se assim um círculo virtuoso da consciência do seu movimento na vida. Aos poucos podemos aprender a mediar nossos medos através dessa técnica, como um "scanner" da felicidade cognitivoemocional. E dessa forma desenvolvermos nosso saudável sistema de autorregulação das emoções.

Nesse processo de avaliação e evolução contínua, convido você apenas a observar sem julgamento. Caso contrário, alguma parte do sistema pode travar diante da possibilidade do sentimento de punição e, dessa forma, o "scanner" da felicidade para de funcionar.

Atividades da infância, que tragam possibilidades de explorar novos espaços e até algum estresse sob controle, podem contribuir com o desenvolvimento de uma personalidade mais resiliente ao medo.

* * *

Foi feito um experimento neurocientífico, com macacos-esquilos com até dezessete semanas de vida (o equivalente à primeira infância para os humanos): um grupo era colocado por uma hora em uma gaiola com macacos adultos estranhos, o que era estressante e amedrontador; os animais do outro grupo continuavam agarrados às suas mães.

Posteriormente, os mesmos animais foram colocados em novas gaiolas, sem macacos, mas com lugares para explorarem. Os macacos que no primeiro experimento foram colocados na gaiola com macacos adultos estranhos se mostravam mais ousados e destemidos, enquanto o outro grupo se comportava de forma tímida. O neurocientista Richard Davidson observa que, quando somos expostos a um determinado nível saudável de estresse na infância, pode ocorrer maior desenvolvimento da resiliência, mas, caso esse estímulo seja prolongado, podemos desenvolver uma incapacidade de lidar com o medo.

Após dez anos observando, investigando e correlacionando as reações dos dois mil passageiros de voo livre diante de um medo real (o precipício de 520 metros), foi possível registrar que muitos dos passageiros que apresentavam as características da personalidade do diamante tinham como preceptores pessoas que exerciam algum tipo de liderança em suas vidas profissionais, como empreendedores, profissionais autônomos, professores ou CEOs. Esses passageiros se lembravam das pessoas que os educaram como sendo radiantes e cooperativas, mesmo diante de situações de estresse, e registraram em seus cérebros aqueles modelos familiares.

É por isso que acredito no esporte e na arte como plataformas para contribuir com o desenvolvimento de valores, resiliência e competências socioemocionais.

No Instituto Reação, por exemplo, um projeto social leva o judô e o jiu-jítsu, aliados a projetos de educação, a comunidades de risco, como a Rocinha e a Cidade de Deus (área liderada pelo sensei Geraldo Bernardes), entre outros polos. O sensei, ou professor de judô, representa a possibilidade de uma nova chance de modelagem de valores, resiliência e competências. Tive a oportunidade de testemunhar alguns dos dois mil alunos do Reação chamarem seus senseis de pais. Muitos deles provavelmente já teriam se tornado parte de uma trágica estatística de mortes relacionadas ao tráfico de drogas daquelas localidades não fossem as atividades esportivas.

Na luta, o aluno vivencia situações de estresse, mas sob um nível de controle, treinando o cérebro para o desenvolvimento de um repertório saudável de estratégias adaptativas. São oportunidades de renascimento.

* * *

– Mara, vamos trabalhar sua respiração? – perguntei em um de nossos primeiros contatos a distância.

De que adiantaria trazer informações técnicas sobre segurança se o cérebro de Mara estava funcionando no modo luta ou fuga? Isso mesmo: luta ou fuga. Portanto, a respiração deveria ser um facilitador para que ela desativasse esse mecanismo de sobrevivência, diminuindo a frequência cardíaca. Isso impediria que a sua atenção fosse sequestrada por sua fisiologia estimulada pelo medo.

"Olhou em torno de si a manhã perfeita, respirando profundamente e sentindo, quase com orgulho, o coração bater cadenciado e cheio de vida." Clarice Lispector capta nessa frase os sentimentos de autoestima e autoeficácia mediados pela respiração, influenciando o batimento cardíaco.

* * *

– Exale – disse eu, com uma voz suave. Depois de alguns segundos, dei outra sugestão: – Faça uma pausa, também suavemente, e em seguida inspire. Perfeito! – completei, confirmando o ciclo da respiração de Paula, executiva de uma importante loja de departamentos.

Com insônia há meses e trazendo sintomas de irritabilidade esquecida, Paula estava apática e seu diagnóstico era de depressão. Acredito na transdisciplinaridade e procuro recomendar um clínico geral que trabalhe com expertise em biomarcadores de estresse. Afinal, como vimos, não existe carpinteiro com apenas uma ferramenta. Também recomendo psicólogos e, em alguns casos, psiquiatras. Desenvolvemos assim um programa com visão integrada do indivíduo.

Paula não queria mais trabalhar, sua memória falhava constantemente e o desânimo que sentia ao acordar era como uma pesada âncora. A insônia era sua companheira todas as noites, por meses a fio.

Mas ela não estava sozinha: em pesquisas realizadas com executivos europeus, mais de 70% das pessoas afirmaram que estavam "cansadas". A metade respondeu mais honestamente e se declararam "exaustas".

Nas mais de mil sessões que realizei utilizando um *software* com neurotecnologia para avaliar a respiração, observei que 95% das pessoas respiravam de forma incorreta e mais da metade se queixava de insônia. O que acontece é que, quando estamos ansiosos ou assustados, a respiração torácica é predominante. Já quando estamos relaxados, a respiração abdominal prevalece. Nesse caso, segundo Porges, autor da teoria polivagal, o nervo vago surge como um transmissor e integrador em vias bidirecionais complexas, entre o cérebro e os órgãos envolvidos nas funções cardiovasculares, respiratórias, digestivas e imunológicas, ligando a regulagem do estado visceral e a emoção tanto ao domínio expressivo quanto ao receptivo da comunicação social. Daí a importância da auto-observação da sua respiração, da contração da face, das mãos e dos pés, pois daí você poderá aprender a escutar o que seu cérebro animal quer lhe dizer, além de se prevenir. Uma das linguagens que o cérebro animal compreende é a forma como você respira e se move. É uma atualização do velho ditado: "Mostra-me como respiras e te falarei como estás!"

A pausa no final da exalação ou expiração possui um papel de tonificador do nervo vago. "Embora seja basicamente estável, o tônus vagal pode ser melhorado por meio de aprimoramentos sustentados em emoções e percepções sociais de um indivíduo", afirmam a psicóloga Barbara Fredrickson, da Universidade da Carolina do Norte, e a neurocientista Bethany Kok, do Max Planck Institute for Human Cognitive and Brain Sciences, de Leipzig, Alemanha.

O estudo feito por elas é o primeiro a mostrar que o tônus vagal pode ser influenciado e, por conseguinte, influenciar as áreas de atuação do nervo vago descritas anteriormente. É uma espécie de musculação para fortalecer seus sistemas imunológico, digestivo e cardíaco.

Os medos reais enfrentados por nossos ancestrais, que acionavam os mecanismos de luta ou fuga em função dos predadores da época, hoje assumiram dimensões psicológicas. Temos um excesso de informações, uma demanda para sermos multitarefas, contas a pagar e um número incontável de desafios a realizar.

Com isso, nosso eixo de adaptação hipófise-hipotálamo-suprarenal é colocado em alerta e 1.400 reações físico-químicas são produzidas. Assim, vamos dormir ou apenas nos deitar, pois o cérebro primitivo entende que existe um predador em espreita. Para ele não existe diferença entre uma conta que venceu ontem ou um gigantesco mamute pronto para atacar.

E como está sua respiração antes de dormir? Provavelmente acelerada. E sua bioquímica? Níveis de cortisol elevados, preparando seu corpo para lutar. Configura-se assim um círculo vicioso da insônia, até que seu corpo entra em exaustão completa, o chamado estado de *burn out*, ou combustão. Sua última conexão antes de fechar os olhos provavelmente é com o seu celular.

O ciclo de 24 horas se torna nosso ordenamento temporal, que ajustará funções reparadoras e estratégicas do corpo: produção hormonal, processos digestivos, sono e mesmo a temperatura do corpo. Até quando tentamos compensar com um soninho extra, desajustamos os ciclos citados, que são regulados também pela exposição à luz. Como girassóis que acompanham a luz do sol, nosso hipotálamo está atento e é orientado por ela também, a fim de ajustar a produção de hormônios. Quando dormimos com qualidade, oferecemos a oportunidade de uma automanutenção em todos os nossos sistemas de funcionamento e regulação.

É necessário desacelerar nosso ritmo antes de dormir, como um ritual sagrado de reparação e renascimento. Como um carro que se aproxima para entrar e estacionar em uma garagem. Você não vai tentar estacionar o carro a 80 km/h, vai?

Lembre-se de que nosso cérebro animal não entende nossos idiomas, mas compreende o olfato! Escolha um aroma que ative seu sentimento de relaxamento — talvez lavanda ou alfazema — e aromatize de forma suave o lugar onde irá dormir. O cérebro vai compreender que está tudo bem e que pode dormir em ambiente seguro.

Situações ou recordações de estresse acontecem, mas devem ser convidadas a se retirar de seus pensamentos. Desconectar-se, pelo menos uma hora antes do horário pretendido, ajudará a desacelerar o carro interno, para estacionar.

Será ativado assim o ramo parassimpático do sistema de adaptação (sistema nervoso autônomo), responsável pelas ações de relaxamento do corpo e, consequentemente, da mente. A respiração diafragmática, com destaque na pausa da exalação, irá explicar a nosso cérebro reptiliano e límbico que não existem mais predadores por perto.

Uma leitura suave contribuirá para guiar nossos sonhos. Como um guia amável e acolhedor que nos levará para mais uma jornada restauradora e de aventuras noturnas, repleta de simbolismos, nos quais revemos pessoas e situações inesperadas, mas que podem ajudar com *insights* para o próximo dia.

A música contribuirá como sua trilha sonora introdutória. Música tem um impacto de 70% nas nossas emoções, segundo pesquisas. A canção deverá ser escolhida conforme a percepção interna: sua respiração e seus batimentos cardíacos servirão como critérios de escolha. Dormir bem é um excelente investimento em curto, médio e longo prazo!

6

"DAÍ A IMPORTÂNCIA DE COLOCARMOS NOSSOS SONHOS ACIMA DOS MEDOS:

ASSIM ACONTECE A MUDANÇA."

MARA LUQUET Ruy, acho que perdi o medo de voar.

RUY MARRA Que bom!

MARA LUQUET Foi realmente muito boa esta manhã... Você me fez reencontrar um dos melhores momentos da minha vida... O começo da vida adulta, quando eu me sentia muito segura porque tinha uma referência de proteção completa com avó, avô, pai, mãe.

RUY MARRA Agora você aproveita esses ativos emocionais e investe em novos ativos.

MARA LUQUET Você é piloto ou *trader*?

RUY MARRA *Happiness trader.... Inconditional happiness trader*

MARA LUQUET Ruy, eu acho que sempre soube que eu iria voar um dia.

QUANDO TIVEMOS ESSA CONVERSA, JÁ TINHAM SE PASSADO MAIS DE TRÊS SEMANAS DESDE O INÍCIO DO NOSSO CONTATO. ESTÁVAMOS A POUCOS DIAS DA DATA MARCADA PARA O NOSSO VOO. EU JÁ NÃO ERA A MESMA. NÃO ERA MESMO.

Os vídeos de voo do Ruy, que eu já tinha visto tantas vezes, já não me causavam o menor medo. Minhas mãos não suavam, nem meu coração disparava. Eu havia enfim dominado minha amígdala, ou melhor, tinha a ilusão de que ela estava domada.

Passamos aquela manhã na Pedra Bonita, Ruy decolando e levando os passageiros da "Na Marra Airlines", como eu havia batizado a asa-delta dele. E eu vendo as sucessivas decolagens dos pilotos e turistas, que, bem mais corajosos, chegavam a São Conrado e voavam encantados, sem passar por qualquer treinamento antes, apenas alguns minutos lá na Pedra, simulando a corrida para a decolagem e o pouso.

Havia mais de vinte anos eu não subia a Pedra Bonita. Conforme pisava os largos degraus que me levariam ao topo, onde fica a pista, o tempo retrocedia e, enfim, cheguei a um dos melhores momentos da minha vida. Aquela era uma época em que eu tinha mais sonhos do que medos. E tinha muitos planos: acabara de entrar na faculdade de comunicação, sonhava em ser jornalista, viajar o mundo contando as histórias que veria pelo caminho. Descobrir boas histórias que ajudassem as pessoas de alguma forma, fosse descobrindo malfeitos, corrupção e desgoverno, fosse levando boas notícias sobre avanços na medicina e tecnologia, por exemplo. É o sonho de todo jornalista.

Quando escolhemos ser jornalistas, na verdade estamos nos entregando a uma espécie de sacerdócio que nos leva a ter uma lealdade sagrada com a notícia. Nossa missão é levar informações que sejam transformadoras de países, empresas, famílias, enfim, pessoas. E nessa empreitada não há limites, somos jornalistas 24 horas por dia. É nosso compromisso maior. Duvida? Experimente ver um jornalista em férias. Dificilmente ele volta sem uma boa história para contar. Porque, em alguma viagem, ele esbarra com a notícia e tem a necessidade de fazer a novidade chegar a todos. Ficar com a informação só para ele é um pecado. E podemos cometer alguns pecados, mas não este. O pecado de segurar notícia pode custar muito caro à alma de um jornalista.

E foi por isso, só por isso, pelo respeito e pela reverência que tenho à minha profissão, que eu tinha certeza do dever de perder o medo para decolar daquela rampa. Depois de ter feito o trabalho de investigação por dois meses, até chegar ao nome do piloto com quem voaria, eu estava disposta a encarar o treinamento para me livrar das amarras que me impediam de voar pelo maravilhoso céu de São Conrado.

Foi a Sandra Coutinho, amiga, comentarista de Nova York, companheira do *GloboNews em Pauta*, quem primeiro me sugeriu o nome do Ruy.

– Ele é o cara que faz a gente perder o medo – disse ela.

Bem, um ponto a favor do piloto. Saí então conversando com gente mais enturmada com os assuntos de voo livre e o nome do Ruy era uma unanimidade. Quando o assunto é voo duplo, ele é o cara. Foi o que apurei. Depois, como contei no programa, com o nome do piloto já determinado, fui investigar a vida dele. Fiquei então segura o bastante de que estava diante de um profissional de primeira linha. Portanto, iria fazer tudo o que ele sugerisse para conseguir voar sem turbinas pela primeira vez na vida.

O treino começava com aprender a respirar. Este é um componente importantíssimo, mas não o único. Há vários outros aprendizados pelo caminho, que você vai ler nos próximos capítulos. Sem nenhuma violência, sem ser invasivo, nem compulsório, o treinamento proporciona um aprendizado que vai suavemente transformar sua rotina e fazer parte de sua vida. Seus hábitos vão mudando sem que você tenha que passar por nenhum embate ou privações.

Foi assim que aconteceu. Primeiro a respiração, depois a reconquista do sono tranquilo durante toda a noite, pouco a pouco a mudança na alimentação e, quando vi, estava mais magra, mais leve, mais paciente, mais confiante. Eu estava sem medo? Não. Definitivamente não. Contudo, agora meus sonhos voltavam a ocupar um lugar superior.

Após aquele primeiro dia na Pedra, mais de duas décadas depois de ter pisado lá pela última vez, embarquei no final da tarde no voo que me levaria de volta para São Paulo (com turbinas). Estaria de novo no Rio três dias depois para finalmente decolar da Pedra Bonita nas asas da "Na Marra Airlines" e gravar, enfim, a matéria que o Sergio Aguiar tanto queria.

Já no avião, olhando as turbinas pela janela e me despedindo do cenário carioca, pude começar a entender então o que o Ruy havia falado logo na nossa primeira conversa:

– A pista é uma metáfora para renascimento e fechamento de vários ciclos.

E agora, sim, começavam a fazer sentido todas as declarações de carinho e profunda gratidão que eu ouvia os passageiros do Ruy fazerem tão logo pisavam a areia de São Conrado e desembarcavam transformados de suas asas. Eu começava a ter uma grande dívida com o Ruy, porque fazia muito tempo que não me sentia tão em paz, tão calma e com tantos sonhos de novo.

Como explicou o Ruy, nós temos um sensor neurofisiológico que não gosta da mudança, pois mudança e adaptação ameaçaram nossa sobrevivência por milhares de anos. Daí a importância de colocarmos nossos sonhos acima dos medos: assim acontece a mudança.

Em linguagem militar, Fabi havia sido treinada nas Forças Especiais do Exército israelense por três anos intensos. Agora, então com 22 anos, liberada do treinamento, como recompensa pela dedicação, poderia viajar por seis meses.

Parte do contingente militar liberado escolhia celebrar as merecidas férias sabáticas na América do Sul, promovendo assim um fluxo turístico de aproximadamente quatro mil israelenses por ano, que se organizam através das mídias sociais para sugerir atrações, *hostels* ou pousadas, dicas de restaurantes ou mesmo esportes de aventura a serem praticados. E o voo de asa-delta assume uma posição de liderança na procura dessa jornada pelos trópicos.

Durante alguns meses observei as reações daqueles jovens, com idades que variavam de 21 a 24 anos, na rampa. Lá, mesmo alguns recém-chegados de um dos programas de treinamento militar mais complexos e eficientes não corriam tão bem como esperávamos. A dificuldade do idioma também se tornava um fator de risco, pois muitos deles não possuem fluência na língua inglesa.

Fabi e eu marcamos nosso encontro na área de pouso, na praia de São Conrado, onde providenciamos a inscrição no clube de voo, protocolo obrigatório para validar o voo de instrução. Embarcamos no carro ao som de mantras, para criar um ambiente acolhedor, tendo em vista o olhar frágil dela, alternado com um sorriso genuíno.

– *Roy*, estou com muito medo da altura, mas quero muito voar daquele telhado – confessou Fabi, com a voz trêmula, confidente, o sotaque arrastando um "r" característico do Oriente Médio. Ela usava a palavra inglesa *roof*, que significa "telhado", para se referir à rampa de voo livre. E repetiu: – Roy, estou com muito medo, mas é meu sonho, pois meus amigos enviaram as fotos do voo de asa-delta, no Rio de Janeiro, e é o meu sonho desde então. Mesmo quando fui baleada em um tiroteio, durante um confronto, sonhava no hospital com este voo. Mas estou com muito medo.

Fabi levantou a manga da camisa, apontando para duas cicatrizes que indicavam os ferimentos de guerra.

Esclareci para ela que *roof* significava telhado e não rampa, e ela compreendeu, sorrindo. Um sorriso relaxante, artigo raro em uma pessoa com um estresse pós-traumático de guerra. Isso poderia contribuir para criar uma reserva emocional, dissipando seu sentimento de medo em direção ao sonho de voar com asa-delta no Rio de Janeiro, poucos meses após ter sido baleada em dois pontos naquele corpo franzino. Ainda dentro do carro, quase chegando à rampa, em um percurso que pode durar vinte minutos, voltei à palavra *roof* e fiz uma proposta:

– Fabi, você comentou que seu sonho é voar de asa-delta no Rio, não é?

– Sim, Roy, quero muito.

– Então, quero lhe fazer uma proposta. Imagine que você vai decolar de uma casa e ela possui um telhado de sonhos.

Ofereça sua corrida nesse telhado para seus objetivos e para as pessoas que você ama!

– Amei a ideia, *Roy*! – respondeu, feliz, em tom de convencimento.

Percebi que ela correria sem o sofrimento do medo de altura, pois sua respiração e seu sorriso aflorados sinalizavam a coerência do cérebro emocional com o racional, reduzindo assim as chances de ela paralisar na decolagem.

Ao sentir essa analogia, o cérebro emocional de Fabi relacionou a altura do precipício de 520 metros com a de uma casa de três metros, diminuindo, dessa forma, um possível medo paralisante, associando a corrida à materialização dos seus sonhos sobre a casa mágica. É o telhado dos sonhos! Fabi decolou de forma impecável e harmoniosa.

Nosso cérebro, integrado ao corpo, é claro, possui um sistema defensivo responsável por nossa sobrevivência ao longo de milhares de anos. Inicialmente pode ser dividido em dois estágios. O primeiro é a avaliação do risco: essa fase é visível quando me apresento aos passageiros e seus acompanhantes na área de pouso pela primeira vez. Observo sua face mais franzida e a respiração mais torácica. O segundo estágio é a adaptação ou envolvimento, caso o ambiente seja seguro: inibem-se as defesas primitivas de luta, fuga ou congelamento. Com o avanço da evolução, foram desenvolvidos novos sistemas neurais, que utilizam algumas das mesmas estruturas cerebrais defensivas, mas que apoiarão formas de envolvimento social. Por exemplo, quando você entra em um restaurante. Caso seus sistemas modernos de envolvimento não estivessem funcionando, provavelmente você se esgueiraria como em uma floresta com predadores carnívoros. Você se esconderia embaixo de uma mesa até se sentir seguro. Como conseguiria sonhar dessa forma?

"Aquele que tem um 'porquê' para viver pode lidar com praticamente qualquer 'como' que surgir", responderia o filósofo alemão Friedrich Wilhelm Nietzsche a essa pergunta socrática. Segundo o psiquiatra e neurologista Viktor Frankl, sobrevivente do campo de concentração em Auschwitz, os sonhos necessitam de um "porquê" que transcenda nossa própria sobrevivência, um suprassentido.

Frankl foi testemunha de que aqueles que sobreviveram compartilhavam e apoiavam seus companheiros de cárcere. Durante sua penúria, teve a família executada. Mesmo isolado em uma solitária e nu, desenvolveu a logoterapia, uma terapia fundamentada na identificação de um sentido para a vida, pois percebeu que haviam subtraído quase todas as coisas de sua vida, menos uma: a liberdade de escolha de suas atitudes perante uma situação.

Quando temos a convicção e a paixão, o "não" se torna um "sim" e o tempo deixa de existir. Essa atitude é uma característica dos empreendedores, dos inventores e dos sobreviventes.

Emoções positivas servem como trampolins ou plataformas de lançamento de sonhos. Pessoas que eram estimuladas com emoções positivas antes das decolagens com asa-delta conseguiam executar os movimentos com maior eficiência que o grupo que era instruído a correr sem o estímulo das emoções positivas.

* * *

Havia uma demora na fila da decolagem das asas. As condições de voo estavam absolutamente perfeitas: vento estável na velocidade ideal e um céu azul de fim de tarde no outono. Foi quando escutei um choro inesperado à nossa frente.

A forma como lidamos com a prontidão, diante de situações novas ou que trazem desconfortos, poderá comprometer nossas ações, interações e posteriormente a integração. Ale Duarte, terapeuta de Experiência Somática e Rolfing, referência mundial no atendimento a crianças com traumas em tragédias, traz um modelo sobre o ciclo da autorregulacão das emoções. Dentro da prontidão existe o nível alerta, que corresponde a uma ação/interação de luta ou fuga e uma integração com saciação.

Mara comentara que tinha o hábito de visitar a rampa de voo livre na época da universidade. Olhar aquela paisagem é como olhar o mar, uma fogueira embaixo de um céu estrelado. Enfim, é hipnotizador!

E, como no voo do Peter, que descreverei a seguir, bastava ajudar Mara a achar o seu "porquê", algo que justificasse aquele salto aparentemente louco. Segundo Frankl, aquilo poderia contribuir com um depósito em sua conta emocional, na qual a fé não é uma maneira de pensar da qual se subtraiu a realidade, mas uma maneira de pensar à qual se acrescentou a existencialidade do pensador.

O choro que ouvimos vinha de um passageiro inglês chamado Peter, 35 anos, executivo de uma empresa de resseguros.

– Ruy! Ruy! – escutei o chamado impaciente de André, piloto que iria levar Peter para seu voo inaugural.

– Oi, André, estou te escutando – respondi calmamente.

– Meu passageiro está chorando e já tentei convencê-lo a correr, mas ele parece não me escutar – afirmou, mais impaciente ainda. – Você, que gosta destes casos complexos — comentou, em tom de ironia suave, mas como um pedido de ajuda –, quer trocar de passageiro comigo?

Pensei e lembrei-me do meu curso, das minhas angústias e, por fim, de como foi valoroso para minha vida e das pessoas à minha volta vivenciar o voo como um ritual de renascimento. Funcionava como um óleo de lubrificação, não invasivo, para as engrenagens da regulação das minhas emoções.

Tendo a concordância do meu amigo e do passageiro, trocamos e, imediatamente, pedi para que tirassem minha asa da fila. Queria conversar com Peter afastado da área que aparentemente disparava o gatilho daquela emoção. Ele poderia entrar em congelamento no momento da decolagem, conforme minhas experiências anteriores.

Eu estava ali como facilitador de um processo de mudança e perguntei, em tom suave:

– Peter, fique à vontade para escolher: você quer voar ou descer com nosso carro?

– Eu quero voar! – respondeu ele, derramando lágrimas indesejadas pelo seu cérebro racional.

Peter havia vacilado durante aproximadamente trinta minutos na rampa e seu piloto, André, estava impaciente diante daquela reação hesitante. A imobilidade de Peter foi aumentando proporcionalmente à metamorfose da face mais zangada de André.

O executivo desabafou, dizendo que sentiu como se estivesse prestes a ser surrado por seu pai. Continuou a falar como era insultado todos os dias nas tarefas rotineiras da casa. Na infância, Peter sofria de violência doméstica quase todos os dias, e a face do André era o gatilho sinalizador de que, caso não executasse a corrida na rampa de forma correta, seria punido fisicamente pelo pai. A possibilidade da realização do sonho seria sabotada por um arquivo emocional guardado, que servia para protegê-lo. São reações antigas para situações presentes. Peter estava imobilizado em seu passado. Ele ficava alerta, em estado de prontidão, como um animal amedrontado. Perguntei-lhe se conhecia o avô, o pai de seu pai. Ele balançou a cabeça afirmativamente.

– E como era o temperamento dele? – indaguei.

– Era impulsivo, um homem muito sofrido, que havia começado a trabalhar com uns dez anos, no interior da Inglaterra, e era maltratado por seu padrasto.

O tom era agora reflexivo e a respiração, mais cadenciada e lenta. Aproveitando o cenário da Mata Atlântica como suporte para aquele breve mergulho de autoconhecimento, perguntei-lhe como se sentia levando na viagem tal bagagem extra de sentimentos e emoções.

– Não me sinto bem, Ruy – respondeu, assertivo e em voz baixa.

Perdão é uma das emoções positivas mais poderosas e terapêuticas. Perdoar, segundo o pesquisador e psicólogo Thomas Carpenter, em um artigo publicado no *Journal of Positive Psychology*, da Universidade de Baylor, contribui com a redução da pressão arterial, fortalece o sistema imunológico e reduz a ansiedade.

– Como você se sentirá se, antes de decolarmos, fecharmos os olhos e visualizarmos um abraço no seu pai, trazendo o perdão e a empatia, em função do passado dele? Vamos oferecer nossa corrida como símbolo deste perdão? – perguntei, olhando em direção ao mar, diante da rampa.

Consentindo e mais aliviado, Peter havia concordado. Pedi para que meu assistente colocasse nossa asa na rampa. Conforme combinamos, fechamos os olhos e visualizamos o abraço do perdão. Nós conseguimos uma decolagem perfeita. Lágrimas de contentamento, antes represadas em Peter por quase trinta anos, fluíram para molhar a floresta abaixo de nós.

Quando encontramos o "porquê", conseguimos elevar os níveis das nossas emoções. No caso de Peter, antes de nossa conversa ele tinha uma atitude de luta ou fuga. Através do oferecimento do perdão, entramos na integração (decolagem) em estado de gratidão. Na esteira dessas emoções positivas, nosso corpo irá "pagar" um preço bioquímico mais baixo pelo movimento de mudança. Menos cortisol e mais serotonina!

"Sonho com o dia em que todos se levantarão e compreenderão que foram feitos para viverem como irmãos", dizia Nelson Mandela. Mesmo em regime de prisão perpétua (na verdade, ele ficou preso entre 1964 e 1990), o importante líder político e estadista tinha como meta a extinção do regime segregacionista na África do Sul, caracterizado pelo controle do poder pelos brancos. O restante da população sobrevivia à margem de seus direitos políticos e socioeconômicos.

Mandela foi libertado em 1990, devido às pressões internacionais. Foi eleito presidente da África do Sul em 1994 e governou até 1999, ano em que foi agraciado com o prêmio Nobel da Paz, juntamente com o ex-presidente Frederik de Klerk, por seus esforços em acabar com o sistema de segregação naquele país.

Mandela havia escolhido um poderoso "porquê": o bem-estar sociopolíticoeconômico de uma nação, mesmo durante seu período de cárcere.

Seu estado de prontidão, segundo o modelo do terapeuta Ale Duarte, estava alocado no topo das emoções positivas, experimentando o sentimento para o chamado. Mesmo sem a perspectiva de liberdade, suas ações e integrações eram direcionadas para a causa antiapartheid, caracterizadas por iniciativas de contribuição e retribuição, promovendo uma integração em estado de plenitude. O simples fato de pensar e fazer o bem ativa a área do cérebro responsável pelo sistema de recompensa, liberando assim a dopamina, neurotransmissor envolvido com a sensação de bem-estar, segundo pesquisas realizadas pelo neurocientista brasileiro Jorge Moll nos Estados Unidos e financiadas pelo Instituto Nacional de Desordens Neurológicas e Doenças Cerebrovasculares

Quando seu "porquê" envolve meta/significado, aliando-se a um escopo altruísta, poderão florescer benefícios ligados ao bem-estar, como o fortalecimento do sistema imunológico, a redução da pressão arterial e uma percepção mais construtiva da vida. Sonhos sustentados através de "porquês" altruístas nos levam a alçar voos mais longos e suaves, mesmo durante as turbulências da vida.

7

"PRA QUE CORRER SE EU POSSO VOAR?"

MARA LUQUET Fiquei com vontade de comer frutas quando vi a mesa do café da manhã do Ricardo. Descobri que na minha casa não tem frutas!!!!! Existiu um Bernard ou foram vários?

RUY MARRA Um Bernard.

MARA LUQUET Por onde anda o Bernard? Ele ainda está na Superar, não é? Sabe, Ruy, eu conheço vários Bernard... Eu também acabei virando um pouco Bernard, mas nos últimos anos isso começou a me incomodar porque na essência não sou Bernard, muito pelo contrário...

RUY MARRA Então, a orientação e sugestão para o livro foi feita pelo doutor David Servan-Schreiber. Entendemos que um romance com informações técnicas seria mais útil do que uma publicação acadêmica. Me sinto privilegiado pelo tempo que você dedicou à leitura.

MARA LUQUET Eu não sei cozinhar. Na maior parte das vezes almoço e janto na rua.

RUY MARRA Existem algumas receitas simples, mas deliciosas, como o risoto de quinoa e a musse de chocolate feita de abacate com cacau, mel e castanhas.

ROTOR

O SERVIÇO DE BORDO DA "NA MARRA AIRLINES" É SERVIDO EM TERRA FIRME E FEITO TODO À BASE DE ALIMENTAÇÃO VIVA E MUITO SUCO VERDE [VOCÊ ENCONTRARÁ DETALHES E RECEITAS NO FINAL DO LIVRO]. É UM JEITO DIFERENTE DE PENSAR SOBRE SEU ALIMENTO E PREPARÁ-LO – O QUE É AINDA MAIS DESAFIADOR, NO MEU CASO.

Eu adoro gastronomia, acho lindo saber preparar um belo prato. Contudo, por mais que tenha tentado, nunca consegui fazer nada que pudesse chegar perto do que seria um bom prato, ou ao menos razoável. Além disso, minhas habilidades culinárias quase colocaram fogo na casa e isso definitivamente não é uma metáfora. Uma panela já derreteu no meu fogão.

Foram muitos os outros apuros que colocaram em risco minha própria integridade física e não pense que estou exagerando, porque os cortes e as queimaduras, que colecionei em minhas incursões pela cozinha, provam a veracidade da minha confissão.

O capítulo "alimentação" da nossa empreitada aérea não faz parte do FINE, o treinamento criado pela equipe do Ruy para aprimorar foco e resiliência. Mas passou a fazer parte das nossas conversas depois que li a história do Bernard, personagem central do romance do Ruy, *Decolando para a felicidade.*

Uma cena específica me deixou com água na boca: quando Bernard, um sujeito estressado, bem-sucedido e com alguns problemas de saúde fica frente a frente com uma mesa repleta de frutas. Salivei quando li e imediatamente lembrei que na minha casa não tinha frutas. Aliás, minha casa não tinha comida! O fato de estarmos sempre correndo para cumprir nossas tarefas diárias não nos deixa tempo para respirar e fazer nossa própria comida. É um luxo que nós não nos permitimos.

Então, Ruy sugeriu que eu fizesse. "Em que planeta vive esse piloto?", pensei, na primeira vez que ele começou a falar das receitas e dos preparos. Eis que um dia – um domingo, é verdade – eu me arrisquei a fazer uma salada. E deu certo!

Ok, você acha fácil, mas para mim até hoje é um desafio. E depois vieram os sucos e o famoso risoto de quinoa cuja receita dei no *GloboNews em Pauta.* É claro que não cometerei o desatino de convidar amigos para que experimentem minhas receitas. Mas já sou capaz de fazer pratos que eu consigo comer e dos quais consigo gostar.

Ainda como bastante na rua, mas não tanto quanto antes, e, principalmente, reduzi drasticamente os jantares fora de casa. Com isso minha conta bancária engordou e eu emagreci incríveis cinco quilos em dois meses.

Faço exercícios diariamente, e é claro que isso ajuda. Mas já me exercitava antes e estava acima do peso. O problema era a alimentação. O fato é que encontrei tempo para cuidar do meu alimento. E o tempo sempre esteve lá, só que era mais fácil jantar pela rua antes de voltar para casa. Inverti essa lógica e o resultado foi encontrar mais tempo para mim, para meu corpo, para meu alimento, para minha respiração. Tudo isso junto e misturado acabou por dar um trato na qualidade do meu sono. Parece óbvio, não é mesmo? Mas o fato é que corremos muitas vezes sem nem ao menos saber por quê.

Por isso uma frase do Ruy me chamou tanta atenção. A frase foi dita à noite, quando, depois de um treino de *biofeedback* no Madagascar, ele me levou até o hotel em que eu estava hospedada – Madagascar é como Ruy chama um condomínio que fica em São Conrado, com um salão cercado por paredes de vidros, encravado no meio da Mata Atlântica, onde ele aplica os testes do *biofeedback*, o *game* que monitora nossa frequência cardíaca e respiração.

O hotel onde eu estava hospedada ficava em Ipanema. Eram menos de vinte minutos de distância para Madagascar, com trânsito bom. Desci do carro e automaticamente falei:

– Cuidado, Ruy, não vai correr (com o carro)...

– Pra que correr se eu posso voar? – indagou o piloto.

Subi para o quarto apressada, porque ainda tinha muito, muito o que despachar. Ainda era cedo, a noite estava só começando...

O momento escolhido pelo Sergio Aguiar para o voo foi o pior possível. Eu tinha dois livros para finalizar, um portal novo para lançar e muitos, mas muitos e-mails para responder. Então, depois daquelas horas de respiração, treinamento em foco, resiliência e muita conversa sobre alimentação, cérebro e nervo vago, eu precisaria fazer um intervalo para voltar à minha rotina nervosa e apressada.

E já que não iríamos voar no dia seguinte, eu poderia tentar agendar algumas entrevistas para não "perder" a manhã. Era assim que eu pensava e foi com essas ideias na cabeça que entrei no elevador do hotel Everest, para ir até o 1007, o quarto em que estava hospedada. "Corre, Mara, corre, porque, para você, o dia de trabalho está só começando", pensei enquanto chamava o elevador. "Mas espera aí... Para que correr se eu posso voar?"

Era nisso que eu estava pensando quando saí do elevador. Afinal, eu realmente não voaria no dia seguinte, porque o tempo não dava nenhum sinal de melhora, mas iria voar, disso já estava convencida. Quando entrei no quarto naquela noite, eu já podia sentir as mudanças que aquele mês de tratamento, ops, treinamento intensivo começava a operar em mim. Pedi um suco, desliguei o tablet e o celular e peguei o livro do poeta Tomas Tranströmer, que eu não conhecia, mas que havia comprado pela manhã na Livraria da Travessa, a poucos metros do hotel.

A poesia me acalma. Depois de ler, fiquei por quase uma hora inspirando e exalando confiança, às voltas com as micropausas, e me deitei. Eu não sabia, mas naquela noite chuvosa, depois de um dia cinzento, mesmo sem ainda ter decolado da Pedra Bonita, eu já tinha começado a voar.

– Meu filho, minha cabeleireira disse que voltaram a crescer cabelos na minha cabeça! – disse minha mãe, bem prosa e contente, ao chegar a casa.

– Como assim, mamãe? – Eu estava curioso.

– Havia alguns lugares na minha cabeça que já não nasciam mais tantos cabelos e a cabeleireira comentou que, em três semanas desde a última vez em que estive lá, esses espaços foram preenchidos! – continuou ela, em tom vaidoso. – Ela perguntou o que estou fazendo ou tomando nesses últimos dias. Disse-lhe que não sabia ao certo, mas que meu filho estava me dando uma "coisa" verde para tomar – afirmou, retorcendo levemente a face.

Minha mãe havia sido diagnosticada com um possível tipo de Parkinson e meu pai, médico, pesquisador e pioneiro da Clínica da Dor, a acompanhava todos os dias, metódica e amorosamente, com exercícios específicos, tratamento convencional e acupuntura cerebral. A "coisa verde" que ela estava tomando era um extrato líquido natural da grama do trigo (*wheatgrass*, em inglês).

Segundo o dr. Brent Bauer, consultor do programa de medicina integrativa da Clínica Mayo, considerada referência em excelência médica nos Estados Unidos, a grama do trigo é um alimento que contém inúmeros nutrientes importantes para a saúde: ferro, cálcio, magnésio, aminoácidos, clorofila, vitaminas A, C e E. Por isso, pode contribuir como suplemento para o tratamento de diabetes, anemias, câncer, infecções, problemas na pele e mesmo colites.

– Ruyzinho! – É assim que a minha mãe me chama, porque eu tenho o mesmo nome do meu pai. – Minhas unhas estão mais resistentes também – continuou, feliz, olhando para as mãos.

– Cabelos e unhas mais fortes são sinais de absorção de minerais e vitaminas pelo corpo – observou papai, sorridente, com voz calma e positiva diante de evidências clínicas que poderiam fortalecer sua esposa naquela jornada.

Segundo o professor Andrew Weil, médico e pesquisador de Harvard e fundador da medicina integrativa, suplementos alimentares não substituem uma dieta rica em fitonutrientes, embora possam ser utilizados de forma complementar no tratamento para distúrbios metabólicos.

Minha mãe experimentava a mesma sensação que eu tive há alguns anos, quando entrei em contato com a alimentação viva pela primeira vez.

– Então não haverá carne nas refeições? – perguntei relutante ao professor de meditação naquela época, já desenhando outros planos em função da ausência de um alimento que eu pensava ser o foco gastronômico da minha vida.

Após o curso de meditação, fomos convidados para um retiro a fim de aprofundar nossas práticas recém-aprendidas. Nosso professor explicou calmamente que seriam quatro dias com nossos instrutores e haveria um intenso programa. Os dias começariam às 4h30 da manhã com um banho frio. Depois, meditação com posturas de ioga, desjejum, palestras, mais meditação, almoço, silêncio por uma hora, mais palestras, posturas de ioga e mais meditação, jantar e outra vez palestras. Em alguns dias, essas atividades eram alternadas com caminhadas.

Como eu poderia sobreviver a tal encontro com inúmeras atividades? Antevia minhas lamúrias e, provavelmente, meu cansaço. Mas, por outro lado, seria uma rara oportunidade, pois se tratava de um encontro brasileiro com palestras, inclusive de médicos renomados, que traziam validação científica sobre meditação, foco e gestão do estresse. Assuntos ligados diretamente a meus interesses, importantes para aprimorar minha performance nas competições de parapente.

Primeiro dia de evento. Após algumas atividades, era chegada a hora do almoço. "Hummmm! E agora?" Eu estava na fila próxima à mesa e já sentia um delicioso aroma de curry. Era um cozido de legumes e vegetais, acompanhado por grão-de-bico ao coco e uma inesquecível salada de pepinos ao iogurte natural condimentado. Eu nem lembrei que a carne fazia parte da minha lista de alimentos indispensáveis à mesa.

Geralmente após as refeições eu sentia moleza, quase que cansaço. Às vezes, meu coração acelerava um pouco, mas de forma sutil, trazendo um ligeiro desconforto, que eu achava que se justificava pelo meu apetite voraz. Mas, naquele dia, o pós-refeição foi diferente. Não senti sono e nem cansaço. Muito estranho! O coração continuava seu ofício cardíaco, como se eu nada tivesse ingerido, mas, ao mesmo tempo, eu estava grato e satisfeito.

Nos dias seguintes, confirmei com meu corpo que aquela nova possibilidade de alimentação não alterava meus sinais vitais, tais como batimentos cardíacos e respiração. Compreendi na prática o que dizia a nutricionista Mariana Exel, do Hospital Samaritano: "Alimento funcional é aquele alimento ou ingrediente que, além das funções nutricionais básicas, quando consumido como parte da dieta usual, produz efeitos metabólicos e/ou fisiológicos e/ou benéficos à saúde." Esses alimentos são considerados promotores de saúde e podem estar associados à diminuição dos riscos de algumas doenças crônicas.

O professor Bruce Ames, da Universidade da Califórnia, publicou em 1998 um trabalho sobre danos ao DNA e problemas decorrentes da deficiência de micronutrientes. O artigo explica como os micronutrientes podem contribuir para uma dieta saudável, além de indicar em quais alimentos podemos obtê-los. Muitas das fontes de micronutrientes estão relacionadas às folhas verdes escuras, cereais integrais, frutas, hortaliças, castanhas, óleos vegetais, cereais enriquecidos, grãos integrais e legumes.

A dra. Annie Sasco, coordenadora de pesquisa do Instituto Nacional de Pesquisa Médica na França, publicou um artigo em que observa a ocorrência de câncer no planeta, conforme dados da Organização Mundial de Saúde (OMS). Sasco destacou que, em países com uma alimentação com ênfase no consumo de carne, frios e laticínios, a incidência de cânceres é muito mais acentuada do que naqueles onde a alimentação predominante é baseada em feijões, ervilhas, lentilhas e legumes.

A medicina ayurvédica, sistema médico desenvolvido na Índia há mais de sete mil anos, atualmente começa a ser introduzida no sistema público de saúde brasileiro. Existe, de acordo com esse sistema, uma classificação para os tipos de alimentos. Os chamados alimentos sutis têm entre suas fontes alimentares frutas, nozes, legumes, verduras, cereais, leite e seus derivados. Se observarmos a relação desses alimentos sutis com a tabela sugerida pelo professor Bruce Ames, Danos ao DNA e problemas decorrentes de deficiência de Micronutrientes, veremos que são estritamente correspondentes. Pode-se relacionar a ingestão desses alimentos ao brilho na pele e nos olhos e ao equilíbrio da ativação emocional e mental. Ainda na medicina ayurvédica, existem os alimentos mutatórios, à base de cafeína, refrigerantes, chocolates e chás. Há também os alimentos estáticos: carne vermelha, frango, ovos, cebola, alho, bebidas alcoólicas, cogumelos, fumo e drogas.

Como se alimentar com qualidade nesse contexto pós-moderno, em que somos devorados pelo fator tempo? Essa pergunta foi repetida milhares de vezes em minha mente, depois que eu concluí o curso "Ioga e Método Feldenkrais" com o diretor do Instituto Ann Wigmore, nutricionista, terapeuta e professor Kaelash Neels. Esse instituto tem como foco a desintoxicação alimentar e emocional. Sua fundadora, já falecida, recebeu o prêmio de Mulher da Década (1970-1980) por "serviços prestados para o mundo no campo do câncer e outras doenças degenerativas".

A base das receitas se fundamenta na utilização de grãos, sementes germinadas, alimentos crus ou não e orgânicos, e de sucos que, além de nutritivos, são também saborosos. O grande desafio é trazer essa qualidade nutricional para a rotina diária. Mas quando você possui a convicção, o "não" se torna "sim" e o tempo deixa de existir. Planejamento e negociação são aspectos fundamentais para uma ação bem-sucedida.

Avaliei minha rotina e observei que, em alguns dias da semana, realizava os voos de treinos de foco com clientes na praia de São Conrado em horários variáveis. Alguns dos quiosques ofereciam quitutes fritos e refrigerantes. Miguel introduziu a oferta de sucos naturais em seu ponto de venda. Após meio minuto de boa prosa, ele recebeu positivamente minha proposta de preparar os sucos verdes: nesse trato orgânico, eu levaria couve-manteiga, inhame, cenoura, hortelã, quinoa germinada; ele viria com manga, abacaxi e água de coco. Frutas como a banana e o mamão são companheiras constantes dos intervalos, e o pistache traz um paladar salgado complementar.

Perfeito! Eu estava me sentindo vitorioso diante daquele desafio alimentar! Inclusive passei a compartilhar os sucos com meus clientes, após os voos. Afinal, primeiro cuidamos da alma (voo e respiração para foco) e depois tratamos do corpo: é quando entra o suco, como um brinde verde para a conclusão da aventura treinamento-corpo-mente.

Quando estamos com muita pressa e ansiosos, nosso cérebro emocional pode codificar que o predador está por perto. Assim, ele ativa nosso acelerador, preparando-nos para lutar ou fugir (ramo simpático do sistema nervoso autônomo). Isso pode ocorrer mesmo na hora do almoço, em um restaurante a peso, desativando nossos processos para uma digestão saudável. E como isso acontece? Emoções, respiração e processo digestivo estão mais conectados do que imaginamos. Através da história da Marta e da Renata, a seguir, poderemos compreender melhor.

* * *

Marta, funcionária pública, ansiosa, tem como opções, na hora do almoço, aproximadamente uns cinco restaurantes, em um raio de alcance de 800m de distância do prédio onde trabalha.

Vai se aproximando o horário de almoço e o grupo de colegas, formado por umas quinze pessoas, começa a explicitar seus desejos gastronômicos para aquele dia. De maneira orgânica, formam-se subgrupos em função dos gostos alimentares de cada um. O grupo de Marta escolhe um restaurante de comida a peso, especializado em massas, já que lasanha aos quatro queijos é unanimidade entre eles naquele dia específico.

Marta entra na fila e, já salivando, observa seu alvo em forma de lasanha. Há seis pessoas na sua frente. "Que bom, em breve degustarei meu prato preferido", pensa ela. Vira-se para conversar com seus amigos na mesma fila, certifica-se de que tudo está bem e, após uns dois minutos, chega perto de sua presa e a observa. A pessoa que está logo na frente dela vai se servir da lasanha também. Detalhe: com mais duas colheradas a delícia desaparecerá, e ela nada pode fazer.

Cresce um desconforto inexplicável em Marta. Sua face se contrai, sua respiração acelera e o que seria um momento de celebração e gratidão se torna um confronto pela sobrevivência, segundo seu cérebro primitivo. Quando Marta está em pé, de prontidão, escolhendo os alimentos como presas, tendo outras pessoas ao lado, invadindo inconscientemente seu território, é como se ela estivesse caçando. Com essa percepção de cenário, a acetilcolina, neurotransmissor envolvido no processo digestivo, é desestimulado a agir, pois agora teremos que nos preparar para lutar e não para digerir.

Quando estiver em um restaurante de comida a peso, observe as faces das pessoas escolhendo seus alimentos na fila. A maioria tem a testa franzida, séria e ansiosa, como se ainda estivesse caçando. Vou começar uma campanha nesses restaurantes para lembrar as pessoas que a refeição é um momento de gratidão e celebração. Vou usar *banners* com a seguinte inscrição: "Não estamos mais caçando! Vamos celebrar e agradecer."

As emoções influenciam profundamente as funções do corpo, afirma David Servan em seu livro *Curar*. Emoções positivas são um eficiente combustível para aumentar nossa performance de adaptação para novos ciclos, projetos e sonhos. E também estão ligadas ao fortalecimento do sistema imunológico sob controle do cérebro emocional. A ansiedade e o excesso de estresse produzem o efeito inverso, mediados pela relação coração-cérebro. Pensamentos e emoções positivos produzem hormônios e neurotransmissores positivos adequados à nossa jornada sustentável na vida.

"Para que correr se posso voar?", respondi para Mara, assim que a deixei no hotel, quando ela me recomendou que voltasse com cuidado. Nossa relação coração-cérebro compreende melhor as metáforas e o "respirês" (a forma como você respira). Por isso é que mestres divinos como Jesus, Moisés, Maomé, Buda e outros mais utilizavam parábolas como plataforma pedagógica para seus ensinamentos.

Correr pode significar um movimento resultante de um estado de ansiedade em determinados casos, principalmente tratando-se da condução de veículo em um contexto urbano. Mas voar representa, nesse caso, um estado de expansão da consciência, onde o tempo deixa de existir e a percepção de distância se dissipa na sensação da plenitude. Dessa forma, todas as nossas estruturas neurofisiológicas se ajustam sinergicamente para esse momento, mediados pelo eixo coração-cérebro, como explica a teoria polivagal.

Você se torna a forma como você mesmo se emociona. Sua maneira de dirigir, de se alimentar, de se relacionar com as pessoas e com você próprio irá deflagrar processos bioquímicos. De acordo com a dra. Candance Pert, pesquisadora na Universidade americana de Georgetown no Departamento de Fisiologia e Biofísica, pioneira no conceito medicina corpo-mente, emoções são cascatas de eventos bioquímicos que contribuirão para delinear e desenhar nossos corpos e nossas mentes.

* * *

Um ano depois de concluir sua pós-graduação em biopsicologia e práticas de respiração para foco e bem-estar, Renata, uma advogada de aproximadamente quarenta anos, começava a observar que seus batimentos cardíacos se alteravam de forma desconfortável a partir da ingestão de determinados alimentos. Isso acontecia principalmente quando ela ingeria alimentos que continham sódio, gordura saturada, açúcar, ricos em petróleo ou em glutamato monossódico (utilizado em muitos alimentos para ressaltar o sabor) e nitratos de sódio. Mesmo bebidas que contenham estimulantes e cafeína podem provocar essa taquicardia. Antes, Renata ingeria os mesmos alimentos e sentia essas alterações, mas não identificava o desconforto relacionado a uma alimentação inadequada. O corpo sinalizava um processo de envenenamento homeopático, que poderia originar doenças crônicas, mas ela não conseguia escutá-lo.

Ou seja, o batimento cardíaco desconfortável pode ser um sensor de qualificação da sua própria alimentação. O nervo vago media a relação da pressão excessiva no estômago com o batimento cardíaco, identificando porções e mesmo alimentos inadequados para sua saúde. Mas, para isso, a auto-observação se torna fundamental.

A consulta a um nutricionista ou nutrólogo, aliada ao seu autoconhecimento fisiológico, contribui para uma autonomia sustentável. Mesmo na nutrição, é saudável estar sempre perto do seu coração e longe dos medicamentos.

8

"A CRIATIVIDADE
HABITA NA PAUSA."

RUY MARRA Agora que treinou a respiração e acalmou seu sensor de ameaça, vamos para o segundo módulo?

MARA LUQUET Vamos.

RUY MARRA Então... No processo da inspiração, inspira confiança. Na exalação, devolve essa confiança para todos os que você gosta. Com os olhos fechados, numa pausa em apneia de quatro segundos, sinta a gratidão daqueles que receberam sua confiança.

MARA LUQUET Hum, isso tá começando a ficar difícil... Tem que fechar os olhos na inspiração também?

RUY MARRA Como você se sentir mais confortável.

MARA LUQUET E como faço essa pausa? Em apneia, antes de soltar o ar?

RUY MARRA Antes de inalar... A criatividade habita na pausa. Você irá criar micropausas durante seu dia. O processo de criatividade está diretamente ligado à sensação de segurança. A respiração que treinamos irá ativar as áreas do cérebro responsáveis por empatia, criatividade e execução do movimento (gânglios da base).

MARA LUQUET Me ensina uma respiração para eu fazer antes de começar a escrever?

RUY MARRA Sim, vou ensinar um relaxamento profundo de seis minutos.

MARA LUQUET Fiz Ruy, a pausa é quando inspira ou quando exala? Quando fazemos a respiração da flor e da vela?

RUY MARRA Quando exala, pausa de 4 segundos. Lembra o sorriso interno, pois os músculos da face são modulados pelo nervo vago, que modula nossas emoções. É uma via neurobiológica para influenciar nossos hormônios, nosso humor e nosso sistema imunológico.

AS HASHTAGS #BRINCANAPAUSA E #DESFRUTAAPAUSA VIRARAM SENHAS NAS NOSSAS TROCAS DE MENSAGENS, SEMPRE QUE EU ESTAVA DIANTE DE ALGO QUE EXIGIRIA MUITO DA MINHA AMÍGDALA CEREBRAL E DE TODO O SISTEMA LÍMBICO. MAS NÃO SÓ NAS MENSAGENS. EU DE FATO PASSEI A USAR E ABUSAR DAS TÉCNICAS DE RESPIRAÇÃO, QUANDO VIA QUE ESTAVA PRESTES A PERDER A PACIÊNCIA OU A ENFRENTAR UMA EMPREITADA QUE EXIGIRIA MUITA CONCENTRAÇÃO E TESTARIA MINHA RESILIÊNCIA, PARA DIZER O MÍNIMO. E A PAUSA AJUDA. EXPERIMENTE FAZER. É NA PAUSA QUE A FORÇA VEM. MAS AINDA NÃO ERA SÓ ISSO.

Para uma jornalista e editora como eu, ter tempo para ler é tão importante quanto ter tempo para respirar. A leitura é nosso melhor alimento, o mais nutritivo e saboroso também. É simplesmente impossível pensar na vida sem a leitura. Ocorre que, quando se está sob forte nível de estresse, sem sono de boa qualidade e com corpo e mente cansados, até mesmo o prazer da leitura sente o baque e perde a sua melhor qualidade, que é a de fazer você viajar, levar sua alma para passear por outras terras e alimentar a criatividade. Assim, já sentindo os efeitos que a respiração vinha causando em meu sono, em meu foco e na resiliência, passei a investir na respiração também na hora de escrever. As palavras, meu principal instrumento de trabalho, estavam cada vez mais escassas, fugiam de mim, o que acabava me deixando em uma solidão profunda, com crise de abstinência por não conseguir escrever como antes. Sem as palavras eu não era ninguém.

Sempre que termino de editar um livro ou uma matéria muito complexa, brinco que preciso passar alguns dias a sós com Machado de Assis, dormir com Rubem Braga e ficar o fim de semana com Fernando Pessoa, para me recuperar do trabalho que sugou até a última gota das minhas palavras. E o que o Ruy estava dizendo era que, além de passar horas com meus escritores preferidos, eu precisava cuidar da pausa na respiração. Porque a criatividade, ele diz, habita na pausa.

Com o sono melhor, recuperando minha tranquilidade e reduzindo os níveis de estresse, o prazer de escrever voltava, aconchegava-se a meu lado e minha produtividade agradecia. As palavras ainda tentavam fugir, mas, sempre que isso acontecia, eu recorria à respiração e investia na pausa. Como mágica, a palavra sumida reaparecia e só quem é escritor ou jornalista sabe a felicidade que vem com ela.

Eu ainda me distraio com facilidade, se não me focar. Tenho a tendência de fazer graça com tudo. Sabe aquela história: perco o trabalho, o amigo, o tempo, mas não perco a piada? Se deixar, levo isso ao limite, e, por vezes, isso atrapalha meu foco. Daí a necessidade de tomar alguns cuidados, como desligar o celular e não abrir a internet quando escrevo. Cuidados que aprendi nessas semanas de FINE.

Porém, o que mais me impressiona é que todas essas mudanças ocorreram em um mês e foram se aprofundando nas semanas seguintes ao voo. Eu estava decidida a fazer novos voos. O voo livre definitivamente entrou na minha vida, porque o prazer que senti ao voar pela primeira vez não poderia ficar só naquele momento.

Voar – não sei se por causa do meu pai, do meu avô ou da sensação de leveza e liberdade que proporciona – me encantou como um belo poema. A sensação ao final do voo é indescritível. É uma leveza que nos acompanha por dias a fio. O risco é você querer voar todos os dias.

A minha conta-corrente emocional ganhou um depósito e tanto com a experiência. Mas, como vivemos tempos muito estranhos, é preciso cuidar com carinho desses ativos. Assim, posso apostar que decolar da Pedra Bonita entrará para a minha agenda.

Um dos campeonatos internacionais mais importantes de asa-delta e parapente, o High Level de parapente, aconteceria mais uma vez naquele verão de 1997, em fevereiro, no Rio de Janeiro. Havia uma seleção com os melhores pilotos do mundo e do Brasil e uma acirrada concorrência, pois as vagas eram limitadas. Embora eu tivesse começado minhas lições de meditação em 1985 – as quais foram fundamentais como práticas para regulação das minhas emoções e gestão do estresse –, eu havia relaxado durante o início da minha carreira de advogado, na área da propriedade intelectual. Geralmente dava desculpas para mim mesmo e adiava meu treinamento emocional.

A meditação funciona como um conta-gotas: o copo representa seu corpo e a água materializa seu nível de estresse. Conforme o nível da água no copo sobe – e esse processo inicialmente é quase que invisível –, o conta-gotas vem e retira algumas gotas, fazendo o nível descer. Isso acontece diariamente. Ou seja, quando paramos de meditar, nossa sensação de bem-estar e equilíbrio permanece por algum tempo até que, de repente, o copo transborda. Surgem então os primeiros sintomas do estresse anteriormente descritos.

* * *

– Ruy – escutei minha querida amiga e vizinha Marlene, que é budista, batendo na porta da minha casa. Ela sempre trazia novidades sobre cursos muito úteis e interessantes. – Teremos uma palestra sobre meditação e níveis da mente. A palestrante será uma antropóloga e psicóloga da Universidade de Harvard, dra. Susan Andrews. Acontecerá no espaço Via Mestra, aqui bem perto, em São Conrado. Vamos? – A pergunta era acompanhada por um olhar positivo.

– Vamos! – respondi prontamente, já imaginando utilizar essas técnicas, com o objetivo de contribuir para minha vitória no campeonato internacional.

Dia do evento. Liguei para Marlene, mas ela não atendia. Dirigi-me à Via Mestra caminhando, pois em dez minutos conseguiria chegar, tendo a Mata Atlântica como testemunha da minha volta à prática da meditação. Havia umas cinquenta pessoas na sala e, após uma hora e meia ouvindo sábias e científicas palavras, eu estava convencido a voltar para minhas práticas.

No final do encontro, a dra. Susan propôs ao nosso grupo que fizéssemos uma turma para estudar biopsicologia. O curso aconteceria naquele espaço mesmo. "Praticamente ao lado da minha casa", pensei, comemorando, pois tinha me identificado com cada vírgula do que fora exposto.

O conteúdo programático do curso era composto por matérias como fisiologia e neurofisiologia, além de práticas de meditação e exercícios de ioga com técnicas muito específicas de respiração. Em alguns exercícios, fazíamos uma apneia na expiração, em outros na inspiração. São pausas de até oito segundos sem ar, mas no início somos convidados a experimentar quatro segundos e depois ir aumentando o tempo, até chegar aos oito segundos. A duração do curso era de aproximadamente cinco meses, com encontros semanais. A técnica de meditação era um pouco diferente da que eu tinha aprendido antes, e o resultado também foi coroado pelos benefícios psicofísicos.

Na Índia, a metáfora da carruagem exemplifica o que acontece com nossa mente:

> O ser humano é como uma carruagem puxada por dez cavalos. E os dez cavalos selvagens são respectivamente os CINCO ÓRGÃOS SENSORIAIS: Ouvidos (audição), Pele (tato), Olhos (visão), Papilas Gustativas (Paladar) e Nariz (Olfato); e os CINCO ÓRGÃOS MOTORES: Pernas (ou pés), Braços (ou mãos), Cordas Vocais, Aparelho Genital e Aparelho Digestivo/Excretor [BHAGAVA-GITA, 2012].

"Se a inteligência é bem-treinada e purificada pelo fogo do autoconhecimento e do discernimento, ela estará apta para controlar os cavalos dos sentidos, através da ajuda da prática espiritual e do desapego" (Bhagavad-Gita, texto religioso hindu).

Muito além de uma prática mística, a meditação é hoje reconhecida por milhares de trabalhos científicos como uma eficiente ferramenta para nosso bem-estar físico e emocional. Funciona como uma pausa no dia, que pode variar de cinco minutos a algumas horas.

A prática da meditação ativa e desenvolve o córtex pré-frontal esquerdo, refazendo o circuito do cérebro para uma predominância de emoções mais positivas. Indivíduos cujo eletroencefalograma e mapeamento cerebral registraram maior ativação nessa área cerebral relatam mais emoções positivas desenvolvem estratégias adaptativas mais saudáveis. Com meditadores mais experientes é possível reduzir reações "automáticas" avaliadas em testes psicomotores, criando assim o termo "desautomatização", em que o indivíduo desenvolve maior autonomia sobre suas emoções e sentimentos. Observa-se uma sincronização entre regiões cerebrais distantes, que expressam a capacidade de unificar informações diversas de forma integral.

Com a prática contínua da meditação, as áreas do cérebro associadas às emoções positivas se desenvolvem, e as áreas responsáveis por emoções negativas se atrofiam. Como em uma academia cerebral, o treino é constante e o desenvolvimento do córtex pré-frontal acontece com a atenção focada.

Os experimentos com a meditação mostram que, antes dos treinos, os indivíduos estão infelizes, com sensação de estresse agudo, exibindo atividade cerebral mais intensa no lado direito dos lobos pré-frontais. Após o treino e a prática, a atividade cerebral se destaca no lado esquerdo e os relatos apontam maior entusiasmo nas mesmas atividades anteriormente avaliadas. É percebido o aumento do sentimento de empatia e a redução acentuada da ansiedade. Os resultados possuem impacto destacado nas memórias de curto, médio e longo prazo (inclusive na performance acadêmica). Na percepção dos relacionamentos entre casais, desenvolve-se maior senso de coerência, felicidade e bem-estar e os níveis de cortisol também são mais baixos.

Estudos relatam também uma relação direta entre níveis de cortisol e a meditação. Em um experimento denominado Projeto Samantha, liderado pela pesquisadora Tonya Jacobs, da Universidade da Califórnia, UC Davis Center For Mind and Brain, foi medida a capacidade de atenção plena (*mindfulness*) e os níveis de cortisol antes e depois de um retiro de meditação com duração de três meses. O resultado foi uma alta taxa de atenção plena, relacionada também à diminuição dos níveis de cortisol, hormônio indicador dos níveis do estresse.

* * *

Após os cinco meses de curso, aproximava-se o grande evento esportivo que eu tanto esperava. No dia seguinte ao término do curso seria o começo do campeonato. Normalmente eu estaria ansioso, com insônia e alguma taquicardia esporádica, mas eu estava muito diferente, mais calmo e muito focado.

Além do conhecimento teórico sobre o efeito do estresse no corpo, havia aprendido exercícios de biopsicologia que, através das pausas na respiração, tinham um efeito integrativo e não invasivo na minha relação mente-corpo. Sentia que havia desenvolvido músculos emocionais, que me empurrariam com precisão muito além dos meus concorrentes no caminho da vitória. Eu lidava com a vida e a morte, pois nesses campeonatos, além de voarmos com equipamentos fora de série – pois a fábrica prepara determinados protótipos especificamente para pilotos de teste –, também ignoramos algumas normas de segurança em função da busca de correntes ascendentes, que podem estar muito próximas ao relevo. Assim, podemos nos chocar com a montanha ou algum obstáculo, cegos pela possibilidade de vencer.

Os equipamentos destinados para o voo de lazer possuem certificação internacional de segurança, trazendo um selo da certificadora na vela. E os critérios são muito mais conservadores. Na rampa de São Conrado existe atualmente uma classificação de bandeiras associadas às condições meteorológicas e uma autorização dos fiscais de decolagem para cada voo. Mas competir era como se fosse outro esporte, em quase nada comparável à estabilidade e aos critérios de segurança do voo de lazer.

Como piloto de competição, representando o Brasil em campeonatos internacionais ou mundiais, não era incomum saber de acidentes fatais com amigos e colegas. No período de dez anos em que estive nessa jornada, foram mais de vinte mortes, além dos casos daqueles que ficaram em cadeiras de rodas.

A dinâmica do campeonato em São Conrado é mais detalhada em função do pouco espaço para decolagem e ocorre em duplas. Como em um embate na esgrima, vencerá no final aquele que colecionar mais vitórias. O piloto mais hábil será aquele que voar uma determinada distância, demarcada previamente por uma comissão, e pousar em um alvo de aproximadamente 30cm.

Um exemplo de prova: decolar da rampa da Pedra Bonita, aproveitar as correntes ascendentes até um determinado prédio na orla da praia e depois voltar para a rampa, seguindo então para o pouso, fechando o tempo de voo sobre uma faixa vermelha estendida na praia. Nós podemos imaginar essas correntes como oportunidades invisíveis e aproveitá-las, através de estudo meteorológico, considerando variáveis de temperatura entre o dia e a noite, formação de nuvens, posicionamento do adversário no ar e habilidade técnica, é claro.

Na primeira prova, fiz o percurso tão rápido, que meu oponente me viu apenas na decolagem e depois sentado no quiosque no pouso. Descrente, pediu à comissão de prova que verificasse as fotos de comprovação do voo e mesmo assim pensou que eu havia feito algum tipo de montagem.

Foram oito disputas e, como na metáfora da carruagem da Índia, minha mente estava integrada ao presente e meus sentidos, como os cavalos, estavam domados e dóceis, mesmo diante de situações de risco. Na última competição havia turbulências muito fortes à baixa altura, provocando fechamentos de até 50% da área vélica que me sustentava, indo em direção ao alvo. Apesar dos 30cm de diâmetro do alvo, minha mente tinha imaginado, de forma fantástica, que ele era do tamanho de toda a praia, trazendo o sentimento absoluto de que era impossível errá-lo. Como na meditação, você se torna sua meta. Foram oito disputas e oito pousos no alvo.

Eu ganhei o campeonato internacional, mas em um estado emocional muito diferente dos outros que disputei. Não estava em luta ou fuga, como descrevi nos capítulos anteriores, mas em apreciação e gratidão.

O treinamento das pausas na respiração nos exercícios de biopsicologia, a prática de meditação diária e a capacidade de reavaliar cognitivamente naquele campeonato foram definitivamente um marco na minha vida de competidor e indivíduo. Agora eu poderia compartilhar essas técnicas com outras pessoas. Naquele dia, decidi me aprofundar no estudo sobre emoções, cognição e estratégias adaptativas, pois havia experimentado de forma muito cristalina a transformação do meu próprio cérebro, como uma massa de modelar – era a plasticidade cerebral. Minha maneira de perceber a vida, a sociedade e mesmo os relacionamentos tinha se ampliado.

Quando a Mara comentou sobre sua dificuldade ou mesmo impossibilidade para dormir, e também sobre a questão da memória, lembrei-me imediatamente de um dos temas que estudamos com a dra. Susan Andrews na nossa pós-graduação: a "síndrome de fadiga por excesso de informações". Essa expressão foi cunhada pelo psicólogo britânico David Lewis e é conhecida também como "estresse cibernético". Estatísticas indicam que o volume de informações que cada pessoa recebe está dobrando a cada 72 dias, e o cérebro necessita de tempo para acomodar tal quantidade.

A prática da meditação traz a pausa terapêutica para o cérebro, que irá fortalecer e aprimorar nossas múltiplas inteligências. Essa pausa será capaz de nos sustentar, já que haverá um momento em que esse volume de informações irá dobrar a cada 24 horas.

A possibilidade de o indivíduo não conseguir se atualizar poderá trazer uma angústia, talvez conectada com áreas mais primitivas do cérebro, associadas à sobrevivência, abalando até mesmo seu sentimento de pertencimento ao grupo. Daí a sensação de abandono verificada em alguns relatos. Nosso eixo da adaptação hipófise-hipotálamo-suprarrenal produzirá de novo mais de 1.400 reações físicoquímicas a fim de mobilizar o indivíduo para lutar ou fugir. O bombardeio de informações por diferentes plataformas como internet, televisão, notícias e celular se torna outro predador pós-moderno para nosso cérebro emocional, impactando-nos de forma biopsicossocial. Insônia, problemas digestivos, irritabilidade e problemas com a memória são alguns dos sintomas descritos.

Na pesquisa Dying for Information, realizada pela Reuters Business Information com 1.300 gerentes de diferentes países, constatou-se que 49% dos entrevistados afirmaram que não sabiam lidar com a quantidade de informações que recebiam. Do total, 38% disseram que a percepção era de que desperdiçavam tempo e não conseguiam identificar dados úteis. Finalmente, 31% reclamaram que não haviam solicitado toda essa quantidade de informação. Tal pesquisa teve o crivo do dr. David Lewis e, como programa de tratamento, foi recomendada uma parada ou abstinência dos estímulos e suas fontes (internet, celular etc.), além da prática de exercícios físicos ao ar livre e um planejamento da gestão do tempo.

* * *

Aos 38 anos, Patrick era executivo de uma cadeia de restaurantes mundialmente conhecida e havia convidado seu CEO mundial para fazer um voo de asa-delta. Ele tinha um perfil esportivo e tinha perguntado por essa atividade no Rio de Janeiro.

Após o preenchimento da inscrição para realizarmos o voo com o presidente da empresa, entramos no carro rumo à rampa de voo livre. O percurso se divide em três etapas: a subida pela estrada das Canoas – permeada pela Mata Atlântica, habitada por micos, macacos-pregos, bugios e outros animais silvestres característicos daquele verdejante universo –; a entrada para o setor C – no Parque Nacional da Tijuca, onde o acesso é uma via mais estreita e organizada por um fiscal com rádio, que se comunica com outro inspetor mais acima, liberando lotes de carros, para que tudo aconteça com mais segurança –; e, por último, o estacionamento – onde subimos uns quinze degraus espaçados a cada dois metros, tornando o caminho suave e inesquecível.

Começamos a subir os degraus e senti a respiração descompassada e ofegante de Patrick ao meu lado, enquanto o presidente da empresa estava extasiado por aquele cenário verdejante, após observar um grupo de macacos-pregos que nos acompanhava em nossa lateral esquerda, em uma trilha aérea de galhos.

Patrick era irmão de um amigo e, apesar de não termos muito contato, eu tinha uma admiração por eles. Havia, portanto, uma informalidade, o que me permitia fazer uma observação, enquanto o CEO continuava subindo à nossa frente.

– Patrick, sua respiração está um pouco ofegante para o esforço de poucos degraus caminhados. Você está resfriado?

– Não – respondeu ele.

Expliquei que desenvolvia treinamentos e pesquisas na área da cognição, execução de movimentos e respiração, e propus que ele coordenasse sua caminhada com a respiração e que explorasse uma pausa exalatória e inalatória, conforme sua movimentação. Treinamos juntos alguns minutos e, então, colocando em prática essa "caminoga", chegamos ao topo.

A princípio é comum que exista uma resistência a adotar a meditação como prática profilática aos efeitos danosos do estresse. Por isso, Patrick poderia experimentar micropausas, que, somadas, durariam mais tempo do que se ele passasse uma hora inteira sentado.

– Gostei – disse Patrick, feliz. – Ruy, participo de campeonatos oficiais e circuitos nacionais de kart. Sempre fico muito nervoso antes, durante e depois das provas, minha adrenalina demora para abaixar. Você acha que eu poderia utilizar essa técnica da pausa para as competições? – perguntou, franzindo a face.

Respondi que sim, expliquei de forma bem simplificada os conceitos científicos e, desde então, não havia tido mais notícias sobre ele. Aproximadamente dois anos depois, recebi uma ligação:

– Ruy?! É o Patrick, tudo bem? Sabe aquela respiração que você me ensinou subindo os degraus da rampa de voo livre? Pois bem, utilizei nas corridas de kart e fui campeão paulista! Trabalhava as pausas coordenando com as curvas, acelerações e frenagens, mas sempre destacando as pausas. Incrível! – contou, confiante. – E agora gostaria de fazer um programa de treinamento com você! – disse ele, com gratidão na voz.

As pausas exalatórias específicas e inalatórias contribuem para a regulação do nervo vago, que por sua vez contribui com a influência no nosso departamento de emoções e hormônios, o eixo hipófise-hipotálamo-suprarrenal. Dessa forma, Patrick aprendeu a reorganizar suas estratégias de competição. Ele me contou que houve mudanças até em seu comportamento como executivo, já que aprimorou a escuta empática com sua equipe e passou a ter maior capacidade de adaptação aos novos cenários que surgiam no seu segmento de atuação, além de ter percebido uma ampliação do seu potencial de planejamento.

Inicialmente, quando fizemos as primeiras sessões com o *game* dotado de neurotecnologia, quando pudemos avaliar o nível de vulnerabilidade ao estresse de Patrick, o gráfico havia apontado a cor vermelha em destaque, que representava muita vulnerabilidade.

* * *

A sigla FINE traz uma base desse treinamento. F de foco, I de ioga, em que os movimentos são precedidos por uma intenção, N de neurotecnologia, em que indicadores científicos validam e medem nossa vulnerabilidade ao estresse e evolução e, por fim, o E de esporte, que surge como uma poderosa metáfora, a fim de aplicarmos as habilidades socioemocionais que foram aprendidas nos módulos anteriores.

Na esteira daqueles indicadores científicos, associados aos exercícios de biopsicologia e ioga para fortalecer seus músculos emocionais, tudo aliado à descoberta da meta/propósito de Patrick, chegou-se a um caminho não invasivo para a vitória dele como competidor e também como indivíduo. É como um efeito dominó, que influencia outros aspectos da vida: relacionamentos, saúde, espiritualidade, gestão do tempo e mesmo sua disponibilidade para o próximo.

Nosso processo decisório está ligado às nossas emoções e à cognição. O acolhimento é fundamental para estimular a ousadia, a mudança e a transformação. Isso traz mais ativos emocionais para nossa conta corrente e, dessa vez, através de depósitos realizados com metodologia, com base em gráficos. Afinal, como diz o estatístico Willian Edwards Deming, o que não é medido não é gerenciado.

9

“O QUE ALGUNS CHAMAM DE SE JOGAR NO PRECIPÍCIO,

VEJO HOJE COMO RENASCIMENTO...”

MARA LUQUET	Marra, vou me jogar do precipício com vc!!! Eu adoro voar pq sou filha, neta, irmã e sobrinha de piloto... Antes de nascer já voava, mas nunca sem turbinas!!!
RUY MARRA	Muito bom! O que alguns chamam de se jogar no precipício, vejo hoje como renascimento. Passado não é destino.
MARA LUQUET	Nos vídeos q vi com seus voos morri de medoooo na hora da rampa!!! Eu vou ter que fazer isso dopada!
RUY MARRA	Dopada pode ser uma estratégia =) Mas existem técnicas científicas e divertidas que poderiam criar um efeito residual poderoso na área do cérebro responsável por planejamento, foco, empatia e gestão do estresse. =)
MARA LUQUET	Bêbada? Posso encher a cara às 8 da manhã para pular às 9h? rsrsrs
RUY MARRA	Tudo é divino =) Mas vc sabe, não existe almoço grátis =) Será uma poderosa metáfora para sua vida. Um novo ciclo, novos projetos. E através de uma respiração precisa durante o voo vamos nos divertir e aprender juntos, desenvolvendo assim novas estratégias adaptativas. Vamos trabalhar sua economia emocional.
MARA LUQUET	kkkkkkkkk
RUY MARRA	Agora gostou, hein?

FOI ASSIM QUE COMEÇAMOS A CONVERSAR: EU FALANDO DO MEU PAVOR DE VOAR E O RUY PROMETENDO QUE IRÍAMOS MUITO ALÉM DO VOO. ALI ELE JÁ ENXERGAVA QUE ESTÁVAMOS NO INÍCIO DE UM PROGRAMA QUE ME AJUDARIA A SUPERAR AS MARCAS DEIXADAS PELOS DIFÍCEIS ÚLTIMOS TRÊS ANOS DA MINHA VIDA, EM QUE EXPERIMENTEI PERDAS MUITO DOLOROSAS.

A rampa, como ele prometia, seria a metáfora para o fechamento de vários ciclos e um renascimento. A princípio, encarei a promessa mais como uma licença poética do piloto do que como uma cura para as dores que me afligiam. Na época, nem mesmo conseguia enxergar o nível de estresse que já consumia minha alma.

Assim, levada pela meta profissional de cumprir minha pauta, fui seguindo as orientações do piloto neurocientista. Comecei com a respiração, passei pela alimentação, fiz sessões do *biofeedback* e cheguei, por fim, às práticas de ioga.

As práticas de ioga foram, na verdade, uma leve iniciação. "Leve" é apenas uma força de expressão porque, mesmo que tenham sido apenas três as posições que aprendi, elas exigem bastante do meu corpo e, em troca, me devolvem disposição, energia, sensação de elasticidade e uma enorme vontade de continuar aprendendo. Foi mais um resíduo deixado pelo FINE em minha vida: procurar aprender e praticar mais ioga.

A verdade é que, apesar de também trabalhar como instrutor de voo livre, Ruy hoje está mais ligado à Superar e às pesquisas de neurociência, que o levaram a criar o FINE e os *games*, cujo objetivo é melhorar o foco e a resiliência de atletas de alta performance, assim como pessoas estressadas como eu. A asa-delta ou o parapente fazem parte do "E" do programa, o esporte, mas podem perfeitamente ser substituídos por quaisquer outros esportes.

O curioso, contudo, é que aquele que embarca na aventura do FINE e a finaliza com o voo provavelmente vai querer voar outras vezes, mesmo os outrora mais medrosos, como eu.

Lembro que, quando subíamos a rampa de carro, para gravar a matéria do voo, que iria ao ar no GloboNews Em Pauta, eu disse que, embora gostasse de subir a Pedra na época de faculdade, nunca tinha cogitado me jogar no precipício. Foi quando o âncora do jornal, Sergio Aguiar, perguntou:

– É "jogar-se" que se diz, Ruy?

– O que alguns chamam de "jogar-se" eu vejo como uma iniciação ao esporte – respondeu o piloto.

E é exatamente assim que me sinto, depois de já ter voado outras vezes: com vontade de praticar esse esporte, torná-lo parte da minha vida. Cheguei a sonhar em, um dia, conseguir voar sozinha. Por que não? Mas, por enquanto, minha coragem ainda está atrelada às asas de pilotos profissionais.

O fato é que a metáfora do ganhar asas é muito poderosa e voar é bem mais simples e seguro do que as imagens grandiosas sugerem.

– A gente sai do clichê de que esporte de aventura é adrenalina – disse Ruy para um de seus passageiros que, ao aterrissar, surpreendeu-se com a tranquilidade e a segurança do voo.

Tive a oportunidade de ler e ouvir vários depoimentos dos passageiros que, antes de mim, passaram pela experiência de voar, não apenas como programa turístico, mas, fundamentalmente, como um programa de renascimento. Eram testemunhos que me deixavam morrendo de inveja, porque eu queria já estar naquele estágio, já ter tido coragem de fazer meu primeiro voo e ainda ganhar de brinde o bem-estar que eles faziam questão de descrever.

– Você poderá sentir a diferença no pós-programa. Vai se sentir menos acelerada, mesmo depois de momentos de estresse atípico a que for exposta – dizia o Ruy nas semanas de treinamento que antecediam o voo. – Os batimentos voltam para um patamar mais baixo rapidamente. E o estado de humor fica mais estável. Daí a expressão "resiliência", muito utilizada, mas pouco estudada em sua atuação neurofisiológica.

Foi exatamente o que senti e tento hoje manter em minha rotina tudo o que aprendi. O risco de voar é querer voar mais, como previu Max Turiaco, piloto que também estava na reportagem e que fez o voo com o Sergio Aguiar. Pois a profecia do Max se realizou. Hoje, por incrível que pareça, sinto falta de voar.

Se pudesse voaria toda semana, pelo menos um dia.

Ficar perto das borboletas, dos pássaros e dos urubus (sim, eles também são divinos) que cruzam nosso caminho enquanto estamos voando promove uma intimidade com a natureza que eu havia deixado na infância. Além disso, sinto como se meus dedos pudessem escovar o céu, como faz o vento no poema de Emily Dickinson ("The Wind"). E, para mim, chegar tão perto do céu não deixa de ser uma forma de matar um pouco a imensa saudade que sinto da minha avó, que partiu mesmo sem eu ter deixado.

Neste capítulo, convido a todos a vestir seus jalecos de cientistas e conhecer mais profundamente o N, de neurotecnologia, do programa FINE, para saber como essa possibilidade complementar pode contribuir com o aprimoramento do foco e da resiliência e com a maneira de lidar com transtornos de ansiedade – ou, enfim, ajudando a regular as emoções com indicadores fisiológicos menos subjetivos.

* * *

– Ruy, amanhã à noite farei uma apresentação na casa onde estou hospedado sobre um *software* que mede a variabilidade da frequência cardíaca e avalia a influência dos pensamentos na sua fisiologia. Gostaria muito que você fosse conhecê-lo – falou o dr. David Servan-Schreiber, já citado neste livro.

Convite prontamente aceito.

– Agora inspira e faça uma pausa – guiava David, com voz baixa. – Agora exale e faça outra pausa – repetiu ele em tom suave.

Eu tinha no dedo um sensor de batimentos cardíacos conectado a seu laptop, onde havia uma tela com gráfico indicando o tempo – minutos por segundo – e, em outra coordenada, os batimentos cardíacos. Abaixo havia três colunas de cores diferentes e, conforme variavam meus pensamentos, cada uma delas era colorida pelo impacto das informações coletadas. Apareciam nesta sequência: da esquerda para a direita, vermelha, azul e verde. Quando eu inspirava e fazia uma apneia na inalação, a linha do gráfico subia; quando eu exalava, essa mesma linha descia, formando picos e vales. David nos lembrou sobre o sistema nervoso periférico autônomo, que caracteriza a relação entre o coração e o cérebro emocional (áreas mais primitivas do cérebro), que estão "além do nosso controle consciente, regulando o funcionamento dos órgãos".

Assim como acontece com atividades musculares, há emoções que podem ser negativas ou positivas, além de reflexos (uma influência da temperatura, por exemplo). Há também tarefas mentais que demandam rapidez para uma resposta ao meio ambiente.

Parte do nosso departamento que contribui para coordenar nossas respostas adaptativas, o sistema nervoso autônomo é constituído por dois ramos. O simpático começa a partir das áreas mais primitivas do cérebro e possui vias de comunicação pelo corpo, preparando-o para a reação de luta ou fuga, através da estimulação bioquímica da adrenalina e da noradrenalina, responsáveis pelas funções acima descritas. O outro ramo, o parassimpático, funciona como um inibidor ou freio e possibilita as ações de relaxamento e digestão, através de outro neurotransmissor, a acetilcolina. Caso contrário, haveria uma hiperexcitação contínua, diminuindo a possibilidade de os mecanismos restauradores do corpo atuarem no processo orgânico do equilíbrio ou homeostase, que é a capacidade de autocura.

Esse mecanismo exclusivo dos mamíferos permite que um médico consiga fazer uma refeição antes de uma importante cirurgia, mesmo após receber um telefonema avisando que o anestesista da sua equipe talvez não possa comparecer porque está resfriado. Apesar desse comunicado, ele ainda consegue digerir sua sobremesa. É também esse mecanismo que permite que um macaco-prego desfrute de uma jaca madura em seu galho, enquanto observa se um bando rival poderá se aproximar a qualquer momento. É um mecanismo que regula e possibilita essa adaptação ao meio externo, mesmo diante de inúmeros eventos.

Aqui mesmo onde moro, em São Conrado, cercado pela Mata Atlântica, que batizei carinhosamente de Madagascar, somos visitados por bandos de macacos-prego e é possível notar uma diferença de comportamento entre eles, expostos ao estresse mesmo durante suas refeições, pendurados na jaqueira exatamente na frente da minha janela. Quando todo o bando, composto por uns quinze macacos, estava se deliciando com o banquete de jacas maduras, era emitido um som de outro grupo de macacos-pregos através do que parecia ser um poderoso amplificador. Apenas um integrante do grupo, o macaco alfa e bem forte, continuava calmamente apreciando a fruta: os outros sumiam pela floresta, mas após alguns poucos minutos estavam de volta se lambuzando com as jacas de novo. É o instinto primordial em ação garantindo a sobrevivência, que pode variar em cada um de nós.

Muitas doenças provocadas pelo excesso de estresse decorrem da interpretação do cérebro emocional de algumas variáveis que nos trazem a percepção de ameaça à nossa sobrevivência. Isso faz nosso coração disparar de maneira inexplicável para nosso cérebro racional e pode comprometer nossa saúde em função da desregulação desse sistema, por excesso de ativação do ramo simpático e sua bioquímica, através do hormônio do estresse, o cortisol. Essa reação de luta ou fuga, que protegeu a humanidade por milhares de anos, agora está nos adoecendo.

Transtornos de ansiedade e depressão podem ser relacionados aos seus estados de regulação do sistema nervoso autônomo. Podemos avaliar isso por meio de indicadores que demonstram uma baixa variabilidade da frequência cardíaca. Aquele que aprende a influenciar seus batimentos cardíacos irá influenciar também seu cérebro emocional, utilizando suas vias bidirecionais, que regulam a relação cérebro-coração. É um dos elos entre o corpo e a mente. A relação anatômica do coração e do cérebro é complexa em si mesma. Imaginem então se decuparmos e relacionarmos a convivência entre essas duas estruturas vitais, bem como se analisarmos impactos e consequências psiconeurofisiológicas.

"Que se apaguem as luzes acesas na morada dos sentidos, depois em plena noite, com mão delicada, muito devagar, toma o caminho do coração." Aqui o poeta indiano renascentista Rabindranath Tagore, nascido em 1861, faz um recorte da hiperestimulação do ramo simpático por meio da metáfora das luzes acesas. A delicada mão vagarosa pode ser a respiração que restabelecerá o equilíbrio, para então seguir sua jornada, cultivando uma relação saudável a partir do coração.

Essa ligação é estabelecida pelo nervo vago, conforme comentamos nos capítulos 3, 5 e 7, em que tratamos da teoria polivagal de Stephen Porges, e pode ser modificada e fortalecida através da forma como respiramos sobre o ritmo cardíaco. O tônus vagal pode ser um indicador de vulnerabilidade de estresse. E, a partir desse conceito, Porges assinala que "medidas baseadas no aspecto fisiológico podem ser avaliadas com monitoramento on-line". É nesse segmento que utilizamos o *software* com neurotecnologia, a fim de avaliar e treinar as informações sobre essa relação coração-cérebro, em que a respiração e a visualização cumprirão seus papéis de mediadores e reconciliadores, para uma convivência saudável nos processos psiconeurofisiológico e, enfim, para a vida. "O essencial é invisível aos olhos, só se vê bem com o coração", lembra Saint-Exupéry.

A partir de 2009, realizei mais de mil sessões com esse *software*, conseguindo acompanhar a trajetória de muitos alunos por alguns anos, fossem atletas, militares ou executivos. Observei a possibilidade de os gráficos dos batimentos cardíacos produzidos pelos treinamentos estarem ligados também a traços da personalidade, que poderiam traduzir um indicador de estratégias psiconeurofisiológicas aprendidas ao longo da vida.

Em 2012, o pesquisador alemão Stefan Koelsch, da Universidade de Berlim, fez com seus experimentos uma descoberta surpreendente: os batimentos do coração, fora de qualquer evento extraordinário, refletem traços da personalidade. A pesquisa foi feita com 425 estudantes, que responderam a questionários tradicionais de personalidade e tiveram seus batimentos cardíacos monitorados por um eletrocardiograma.

Foi observado que padrões específicos nas atividades elétricas do coração se relacionavam diretamente com certos traços da personalidade do indivíduo. Por exemplo, pessoas com certa assinatura de batimento cardíaco tiveram maior pontuação no teste de neuroticismo – significando que são indivíduos mais propensos a emoções negativas, como ansiedade e depressão. Eles também experimentam menos emoções positivas, incluindo felicidade e alegria. As medições da atividade elétrica do coração também podem ser utilizadas para prever o altruísmo de alguém, um traço que descreve quanta compaixão ou empatia um indivíduo tem.

Traços da personalidade podem influenciar o ritmo cardíaco de inúmeras formas – ou por conexões nervosas diretas entre o cérebro e o coração, ou por alterar a respiração e liberar hormônios específicos. Através do treino do ritmo cardíaco, aliado ao treino da respiração, podemos de forma biológica influenciar os traços da personalidade.

No meio corporativo, quando gerentes de empresas foram submetidos ao treinamento dessa relação coração-cérebro (coerência cardíaca), foi relatada uma queda de 47% para 30% nas palpitações cardíacas inicialmente e, depois de três meses, houve nova queda, agora para 25%. Outros sintomas, como exaustão, insônia, ansiedade, fadiga e cansaço, também tiveram seus índices reduzidos.

Diante de um cenário sociopolítico e econômico de incertezas, temperado por constantes adaptações e mudanças, demandas corporativas mais urgentes estão relacionadas ao desenvolvimento de resiliência, comunicação em grupo, planejamento, processo decisório para tomada de decisão, criatividade ou mesmo alta performance. A entrega de projetos com prazos urgentes se torna uma rotina que poderá sacrificar grande parte do capital humano de uma instituição ou empresa.

No Japão, os casos de morte por excesso de trabalho são conhecidos por *karoshi*. O excesso de estresse pode provocar um infarto fulminante ou acidente vascular cerebral, trazendo uma estatística trabalhista fatal. O primeiro caso relatado foi em 1969, com o falecimento de um jovem trabalhador do sistema de transporte japonês que tinha apenas 29 anos. De acordo com dados oficiais do governo japonês, 150 trabalhadores morrem anualmente, sendo que, em 2007, 672 pessoas faleceram pelo mesmo motivo. Há também o impressionante número de 2.207 suicídios causados por razões estressantes do trabalho, também conhecido por *karojisatsu*.

"Enxergue", "busque", "use" e "compartilhe" são etapas sugeridas para um eficiente processo decisório. Mas David Servan-Schreiber nos traz a informação neurocientífica de que nosso cérebro emocional é o senhor de nossos corpos e nossas paixões, é a fonte de nossa idade e dos valores que dão senso à vida. Como integrar essa porção cerebral tão estratégica, mas ao mesmo tempo aparentemente insignificante e invisível, em um treinamento corporativo, usando uma pedagogia eficiente com indicadores dessa área do cérebro?

A Superar Neurotecnologia, empresa que criei em 2000, traz para a vida de executivos e atletas, expostos a pressões diárias de estresse, esses treinamentos que melhoram a relação coração-cérebro. A experiência que acumulamos nesses mais de quinze anos de trabalho em empresas pelo país tem mostrado que só a emoção é capaz de transformar. Por isso, investimos em dinâmicas que aprimorem a vivência coração-cérebro também no ambiente corporativo e com o diferencial da neurotecnologia, através de *games* e indicadores científicos. Ou seja, o colaborador e o líder aprendem a trabalhar seus cérebros em níveis mais performáticos, incentivados pelo treino emocional executado com o *neurogame*. É um cenário que promove o reforço positivo fundamental para o processo eficaz de aprendizagem.

Assim como os atletas, muitos executivos com ótima formação acabam falhando em situações de estresse, justamente na hora em que sua performance será decisiva para o sucesso do time, seja no esporte, seja na empresa. Como se preparar para esses momentos?

O time da Superar desenvolveu um programa se colocando no lugar dos gestores. Nossos treinamentos estimulam as emoções positivas e estão associados ao conteúdo pedagógico e também aos indicadores psiconeurofisiológicos, para desenvolvimento de habilidades socioemocionais. Conseguimos este resultado através do nosso *software*, desenvolvido em parceria com o Laboratório de Educação Cerebral da Universidade Federal de Santa Catarina.

"A razão informa, mas só a emoção transforma." Por isso é que a reavaliação cognitiva é o nosso lema.

* * *

Andrade era o gerente executivo de uma multinacional do segmento de óleo e gás. Diante de muitos eventos inesperados e cortes de verbas, ele estava preocupado com a saúde e a performance dos seus empregados. Muitos alegavam cansaço intermitente, insônia inquietante e mesmo um sentimento de impotência.

Utilizamos o *neurogame*. Com ele, o indivíduo aprende a se conectar com seu cérebro emocional para desenvolver e trabalhar demandas mais elaboradas. Aquietar e aprender a conversar com essa área cerebral é o passaporte para liberar as outras camadas cerebrais na direção dos objetivos.

Após as sessões com cada um dos colaboradores de Andrade, depois que eles sentiam a sensação de bem-estar e um leve aquecimento nas mãos, percebi um traço comum entre eles: seus índices de relação coração-cérebro estavam indicando a coluna verde, que geralmente expressa a capacidade mais fortalecida para enfrentar o estresse. Depois, o gestor contou que aquele time tinha enfrentado situações de estresse descomunais, e isso provavelmente poderia ter esculpido aquele estado de resiliência registrado no gráfico do *neurogame*.

* * *

Marcos e Pedro sãos irmãos e fazem parte do projeto social Instituto Reação, na unidade da Rocinha. Ambos já praticam judô há alguns anos, embora sejam muito jovens: têm dezessete e doze anos, respectivamente. Durante os treinos, os dois eram focados e determinados, mas, quando recebiam do técnico a notícia de que iriam competir, suas faces sinalizavam um desconforto que parecia exagerado, dado o excelente desempenho deles fora das competições.

Na época, o técnico do alto rendimento era o professor e sensei Fulvio Miyata, hoje um dos técnicos da seleção brasileira de judô. Ele era assessorado pelos senseis e professores Flavio Canto e Paulo Caruso, pelo psicólogo Daniel Guerra e pela fisioterapeuta Vanessa Oliveira.

Devido à sua aguçada habilidade como judoca, Fulvio é conhecido como o Pelé do Judô. Muito além dessa técnica esportiva, ele tem uma visão multidisciplinar aprimorada. Semanalmente nossa equipe se reunia e avaliávamos cada atleta de forma colaborativa. Eram aproximadamente cinquenta atletas, número que podia variar quando atendíamos a equipe "B". Fulvio então sugeriu que poderíamos reforçar nossos treinamentos emocionais com os irmãos Marcos e Pedro, porque também tinha observado o terror camuflado no sorriso amarelo em suas faces.

No treinamento com o *biofeedback* cardiovascular, ambos apresentavam no gráfico uma configuração assimétrica marcada por picos e vales desproporcionais. Isso indicava uma alta vulnerabilidade ao estresse. Os traços traduziam que Marcos e Pedro estavam imobilizados em um constante estado de luta ou fuga. Era como se a qualquer momento tivessem que se defender de alguma terrível ameaça, e esse repertório neurofisiológico estava registrado na relação coração-cérebro. Um dos seus pais era muito rígido e os meninos eram surrados várias vezes e de forma inesperada. Pesquisas lideradas pela psicóloga e doutora em saúde mental Rute Grossi avaliaram a expectativa e o status social de crianças vítimas de violência doméstica no grupo. Os resultados são os seguintes: "Crianças abusadas fisicamente apresentaram-se menos propensas a esperar que seus colegas de classe as escolhessem positivamente; revelaram, ainda, menor tendência a engajarem-se em comportamento pró-social."

Durante as sessões seguintes, trabalhamos com pausas suaves ao inspirar e ao expirar, guiados pelo gráfico. Fizemos as representações de picos agudos e vales se transformarem em morros arredondados. Traduzimos, assim, novas possibilidades para que os dois aprendessem a regular suas emoções. Eles observavam a influência de seus pensamentos e sentimentos na tela e entendiam também como poderiam alterar os gráficos através de um padrão de respiração específico. Antes, eles tinham desenvolvido estados fisiológicos mal-adaptativos e, agora, estavam experimentando estímulos para aprimorar sua vivência de segurança e fortalecer seus amortecedores emocionais, que contribuiriam para um comportamento pró-social, favorecendo seu desempenho tanto como atletas como no engajamento em sociedade.

Os irmãos aprenderam a ajustar suas respostas internas não apenas para as competições, nas quais seus resultados eram transformados em medalhas, mas muito além desse cenário esportivo; na vida pessoal, o impacto positivo também pode ser destacado, seja na escola ou nas próprias relações interpessoais.

Existem outras maneiras de fazer treinamento emocional, porém, essa tecnologia é mais uma prática terapêutica eficaz e não invasiva, que permite que as pessoas se conscientizem de suas emoções e aprendam a modular sobre situações de estresse através da tela do computador.

Segundo o pesquisador norte-americano Stephen Porges, o coração possui um papel ativo na regulação da relação coração-cérebro. Afinal, o coração também envia informações para o cérebro através de fibras nervosas para a base do crânio, e não é influenciado apenas pelo sistema nervoso central. Essas estruturas nervosas enviadas atuarão tanto sobre o cérebro primitivo, ajustando a pressão sanguínea, como sobre o campo magnético do nosso corpo. Mudanças de estados fisiológicos poderão influenciar estados mentais e o oposto também poderá ocorrer.

Em 2008, nasceu no Brasil o Laboratório de Educação Cerebral na Universidade Federal de Santa Catarina, coordenado pelo professor dr. Emilio Takase. O foco do grupo são as atividades de ensino, pesquisa e extensão, com pesquisas em diversas áreas e temas: aprendizagem, *peak performance*, cognição, psicologia do esporte e exercício, entre outros, com enfoque na ciência do cérebro.

A empresa de tecnologia Cognisense, liderada por Diego Schmaedech, e a Superar Neurotecnologia e Treinamentos desenvolveram um *software* com neurotecnologia, o Feel Rio. Trata-se de um *game* que usa os valores fisiológicos para controlar a altura e a velocidade da asa-delta e que foi desenhado para trabalhar aspectos biopsicológicos. O ambiente é o Rio de Janeiro e o jogador, piloto da asa ou parapente, é estimulado a manter a asa em boa altura e velocidade – isso é possível mantendo elevados os níveis da relação coração-cérebro ao longo do tempo. Se o jogador estiver ansioso, a asa ou parapente perde altura. À medida que o jogador aprende a equilibrar essa relação por meio da respiração e de pensamentos positivos, ele ganha altura de novo sobre o Cristo Redentor e o Maracanã. Esse padrão fisiológico saudável pode ficar registrado nas estruturas cerebrais responsáveis pelo sentimento de recompensa do jogador, e assim se formam novos psico-neurofisiológicos.

Nos processos de aprendizagem, memória, emoção, movimentos e respiração andam de mãos dadas, mas às vezes não se entendem muito bem. É como se fossem três camadas cerebrais ou três biocomputadores que não se comunicam muito bem entre si.

* * *

Certa vez fui convidado por um canal de televisão para voar com o bicampeão mundial e lenda viva do surfe Tom Carroll, considerado pela revista *Surfer* como o sétimo maior surfista de todos os tempos.

Manhã de sábado, um vento bem suave passeava pelos céus de São Conrado. A previsão era de que ficássemos uns cinco ou seis minutos no ar. Eu aguardava o lendário surfista australiano para a gravação do programa. Ele chegaria em alguns minutos e eu estava preocupado em manter meu compromisso com a felicidade dos meus copilotos. Desde que decidi largar os tribunais para me dedicar a voar com outras pessoas, assumi um compromisso interno: superar as expectativas de cada ser vivo que vivenciasse aquela experiência aérea comigo. A gratidão inesgotável é o que nutre esse meu juramento.

Como poderia superar as expectativas de Tom, sendo ele um detentor de experiências incríveis? Como *big rider*, a especialidade dele eram ondas gigantes de até 20 pés ou 7 metros, o que equivale a um prédio de três andares.

O carro da emissora estacionou na praia de São Conrado, exatamente em frente ao local onde eu estava parado. Pude reconhecer a produtora e amiga Sandra Klar, acompanhada pela equipe da TVE, e o campeão.

Sandra nos apresentou. Ele, muito simpático, embalado por seu sotaque australiano, me cumprimentou sorrindo.

– Bem-vindo, Tom – respondi, ainda pensativo.

Quando mostrei a rampa no topo da montanha, percebi que aquilo poderia ser visto como uma gigantesca onda de pedra e assim completei a apresentação:

– Tom, hoje você vai descer a maior onda da sua vida! São 520 metros de altura dessa gigantesca e imaginária massa de água. Nós vamos simular manobras do surfe durante o voo! Vamos?

Fiz a pergunta entusiasmado, pois consegui criar uma conexão entre a paixão da vida de Tom e o voo livre. Ali, mesmo durante aqueles cinco minutos, ele superaria seus recordes como atleta. A atenção e a determinação dele no treinamento pré-voo foram excepcionais e o aproveitamento na decolagem foi muito acima da média. Com certeza, seu repertório emocional como atleta de alto rendimento contribuiu para isso. Alguns indivíduos aprendem a desenvolver estratégias para influenciar suas relações cérebro-coração, através das necessidades de se adaptar às condições competitivas. Tom voltou para seu país realizado, porque havia surfado a maior onda de sua vida.

* * *

O aspecto lúdico pode despertar emoções como curiosidade ou mesmo admiração, reduzindo os hormônios do estresse. Estes são fatores colaborativos para novas sinapses mais resistentes ao tempo, que auxiliam o hipocampo na sedimentação das memórias de longo prazo.

A fundação do recém-criado Centro de Neurociência para Educação da Universidade de Cambridge ressalta a importância do conhecimento do cérebro para o processo de aprendizagem, pois sem emoção não existe curiosidade, atenção e memória, segundo Francisco Mora, doutor em neurociência da Universidade de Oxford e professor de fisiologia da Universidade Complutense. Isso poderá contribuir também em outros processos educacionais: cognitivo, sensório-motor e socioemocional.

"O significado das coisas não está nas coisas em si, mas sim em nossa atitude com relação a elas." Mais uma vez, Saint-Exupéry nos faz lembrar de que, através de atividades intencionais e de reavaliações cognitivas, temos a capacidade de modificar nossa autopercepção sobre os eventos.

Para Mara, decolar de asa-delta tinha o mesmo significado que saltar de um precipício, como ela me disse em nossa conversa pela internet. E o treinamento da coerência no ritmo cardíaco iria contribuir para influenciar seu cérebro primitivo. Isso lhe ajudaria a ter um controle maior do seu sistema nervoso autônomo e, como consequência, uma regulação mais eficaz das suas emoções. O fato de ela observar na tela, em tempo real, os seus indicadores fisiológicos, impactados por sua própria respiração e por seus sentimentos, traria maior consciência sobre a relação mente-corpo. Este seria também um aprendizado sobre nossos inseparáveis companheiros de jornada: intenção, emoção, respiração e movimento.

Durante o treinamento com o *game*, Mara podia observar que o zigue-zague dos traços, inicialmente indiferentes à sua presença, começavam a variar conforme seus sentimentos associados a determinadas emoções – estas, por sua vez, eram moduladas por uma respiração específica, podendo ser mais torácica ou diafragmática, mais rápida ou lenta, com pausas na inalação ou na exalação. Enfim, como um bebê aprendendo a se levantar e andar, Mara estava reaprendendo a conectar seus três cérebros, integrando suas emoções e seus movimentos, tendo como mediadores a respiração e a intenção, através dos pensamentos positivos. Com a respiração tranquila e suave e a autopercepção mais aguçada, seu cérebro racional poderia trabalhar em paz, tendo tempo para desenvolver novas possibilidades ou estratégias cognitivas. Dessa forma, ela poderia encontrar novos significados ou propósitos para aquela aventura aérea, em vez de recorrer a crenças antigas formadas por valores culturais, familiares e pessoais, baseadas em experiências anteriores, dela ou de suas referências matriciais.

Pesquisas lideradas pelo epidemiologista Ichiro Kawachi, da Escola de Medicina de Harvard, apontam que indivíduos com transtorno de ansiedade, mesmo saudáveis, apresentam frequência cardíaca mais alta em repouso, além de uma baixa variabilidade da frequência cardíaca. Ou seja, não havia uma amplitude significativa no gráfico do zigue-zague com as coordenadas do domínio do tempo pelo número de batimentos cardíacos.

* * *

Aos quinze anos, André estava na cozinha de casa quando, de repente, seus movimentos corporais ficaram descompassados, seguidos por espasmos e convulsões descontrolados. Os pais o levaram para a Casa de Saúde São Vicente, que, para sorte dele, ficava a apenas dois quilômetros de sua residência. Lá funciona um centro de cirurgia neurológica de excelência, liderado por um dos mais renomados e experientes neurocirurgiões do Brasil, o professor dr. Paulo Niemeyer Filho, que estava presente na hora. Foram longas horas de cirurgia para identificar que o paciente havia tido um acidente vascular encefálico, originado por uma má-formação arteriovenosa. Ele nascera assim e, até então, não demonstrara qualquer sintoma. Não havia uma previsão sobre a intervenção cirúrgica, pois o sangramento no cérebro inundou e comprimiu suas estruturas cerebrais vitais. O dr. Paulo e sua equipe lutaram por horas a fio contra a persistência daquela hemorragia cerebral, quase fatal. André sobreviveu, com suas respostas cognitivas preservadas, mas com severas consequências sensório-motoras: a fala foi suprimida e os movimentos das pernas, braços e pescoço estavam bem debilitados. Ele era um adolescente ativo fisicamente e muito articulado intelectualmente, inserido em um ambiente familiar comprometido com valores ligados ao amor e às amizades. Ele tinha, inclusive, um afeto admirável por seu irmão mais novo, Diego. Seus pais sempre procuravam estimular o desenvolvimento saudável de vínculos sociais e afetivos, o que colaborou para criar uma inesgotável reserva emocional na conta daquela querida família. Márcio, o pai de André, era meu amigo de infância e companheiro de ondas desde a adolescência. Eu participei até da animada festa de casamento dele, que aconteceu conforme o ritual árabe, já que sua esposa, Rania, embora fosse brasileira, tinha essa ascendência.

Poucas semanas antes do aniversário de dezoito anos de André, recebi uma ligação de Márcio. Ele disse que tinha visto uma reportagem na televisão, em uma série sobre neurociência e esporte, que falava sobre resultados expressivos de um trabalho que aplicava neurotecnologia ao esporte de alto rendimento. Ele me contou que o sonho de seu filho era conseguir direcionar o sopro para apagar a vela do bolo de seu aniversário. É claro que chorei discretamente, para que meu amigo não percebesse, em nossa conversa telefônica. Ele me perguntou sobre a possibilidade de avaliar seu filho e lhe aplicar o sistema. Expliquei que não era médico, mas iria fazer uma avaliação com o *biofeedback* cardiovascular, procurando entender como poderia contribuir. Afinal, movimento, intenção, emoção e respiração andam de mãos dadas.

André tinha uma agenda ocupadíssima, em função da fisioterapia e da rotina de atendimento do hospital Sara. Ele era acompanhado pelo competente fisioterapeuta David, que, coincidentemente, era o mesmo de minha mãe, que tem Mal de Parkinson.

No meu primeiro encontro com André, ciente do sonho do aniversário, coloquei em sua orelha o anel conectado ao aparelho e o indicador de batimentos cardíacos pulou para 130. Uma média razoável para um adolescente seria entre 55 e 75 em repouso. Testei mais uma vez, pois achei que poderia haver alguma interferência no equipamento, mas aquele número se mantinha – era o correspondente à atividade física de uma corrida com pelo menos 50% de esforço contínuo. André estava consumindo, quase que imobilizado, o esforço cardíaco de uma intensa atividade física 24 horas por dia. Sua variabilidade cardíaca era quase inexistente, marcada por uma respiração curtíssima prejudicada pela traqueostomia, que salvara sua vida. Poderíamos tentar aumentar sua variabilidade cardíaca através da respiração e intenção, com o objetivo de ampliar a execução dos movimentos. Precisávamos liberar em seu circuito cerebral os estímulos em direção aos gânglios da base – estruturas cerebrais responsáveis por execução de movimentos, planejamento, empatia e sentimentos de competência –, pois, embora refém dos edemas que restringiam sua área sensório-motora, ele estava emocionalmente imobilizado no trágico trauma pelo qual fora acometido. Isso acentuava sua dissociação muscular e os sentimentos de frustração. Seu zigue-zague era formado por milhares de minipicos e vales. Mas como trazer a atenção dele e motivar sua aprendizagem diante daquele quadro? Minha participação seria apenas como um jogador a mais em campo, tendo em vista os cuidados e as terapias já desenvolvidos por profissionais competentíssimos.

Como a parte cognitiva estava preservada, cabia exclusivamente a mim, com o apoio da família de André (incluindo a Cláudia, fiel e amorosa colaboradora da casa), despertar-lhe a atenção através da emoção, para então trabalharmos sua intenção e respiração. Era como um xadrez neurocientífico, em que cada jogada deveria ser planejada através dos indicadores fisiológicos, rumo ao seu sonho de apagar a vela dos dezoito anos.

O físico e neurocientista Tiago Arruda Sanchez, professor na faculdade de medicina da UFRJ no Laboratório de Neuroimagem, desenvolveu uma pesquisa neurocientífica em 2009 onde em seu experimento traz a atenção como uma forma de regulação emocional. Portanto, a sessão com o André deveria começar de forma criativa.

Comecei nosso encontro montando um minicinema na sala de estar da casa de André, com caixas de som e um pequeno, mas potente, projetor de filmes. Para isso, consegui que tirassem da parede um lindo quadro vermelho cubista (de aproximadamente uns 3m x 1,5m), o qual apelidamos carinhosamente de Picasso.

A trilha sonora da série *Missão Impossível* marcou o início. Para quem não se recorda, apesar do título, o personagem de Tom Cruise, Ethan, sempre conseguia concluir suas demandas hollywoodianas. E a música, afinal, possui um impacto de até 70% em nossas emoções.

Eu disse a André que iria projetar o clipe mais emocionante que ele já tinha visto com *wingsuit* (pilotos que decolam de montanhas ou mesmo aviões com asas de nylon acopladas a seus corpos). Eu o preparei para um estado de prontidão em curiosidade e admiração, saindo pelo menos por alguns momentos da imobilização em luta ou fuga. Nesse clipe, os atletas caminhavam e interagiam dentro de um parque nacional recortado por inspiradoras paisagens, para depois saltarem. Com aquelas miniasas, desfrutavam do voo a uma velocidade aproximada de uns 120 km/h. Câmeras bem-posicionadas retratavam de forma criativa a face delirante deles. Imagens de longe nos davam uma ideia macro do contexto daquela ação aventureira. Tudo isso era acompanhado pelo atento olhar de André. De forma subliminar, seus neurônios-espelhos (responsáveis também por mecanismos de aprendizagem) eram estimulados pelo filme.

Em seguida, trabalhos de intenção e respiração. Agora, guiado pela tela do aparelho, o batimento de André começava a cair para 120.

– Exala, André. Meninas gostam de homens que exalam! – falei.

E ele ria. Com humor, eu procurava estimular sua respiração, limitada pelo tubo no pescoço. Seus minipicos e vales, milímetro por milímetro, começavam a ceder espaço para curvas um pouco mais suaves. Muito inteligente, André começou a perceber sua relação cérebro-coração. Daí o termo *biofeedback*: é como um sistema de retroalimentação que acontece pela observação da influência da respiração, representada por gráficos ou mesmo por um *game*.

Terminamos com a trilha do nosso herói Ethan, pois André havia conseguido, na primeira sessão, reduzir seus batimentos de 130 para 118. "Excelente, André Cruise!"

Repetimos o ritual nas sessões seguintes e então surgiu nosso quarto mantra: o movimento. Rania me enviou um vídeo inesperado e positivamente surpreendente, que mostrava André conseguindo apagar uma vela, treinando para seu sonho. Mas aquele poderia ter sido um sopro de sorte...

Em uma determinada sessão, os batimentos de André atingiram a marca de 84, com uma variabilidade mais ampliada. Conseguimos então atingir o objetivo do *neurogame*, que era colocar um arco-íris dentro do pote de ouro, através do treino da respiração e das suas emoções.

– Ruy, André está conseguindo lidar melhor com sintomas da ansiedade. Quando ele se concentra, seus movimentos estão surgindo. Outro dia mesmo, ele ensaiou movimentar a própria cadeira de rodas e até utilizar o tablet – contou Rania.

Chegou, enfim, o dia 19 de maio. Aniversário com a família reunida e bolo com vela acesa na mesa. O sopro certeiro de André Cruise realizava seu sonho, diante de sua querida família. Aquele era um marco para estimular suas futuras missões "impossíveis". Belo depósito emocional realizado no fundo de investimento familiar de Márcio e Rania!

Emoção, intenção, respiração e movimento andam de mãos dadas, na trilha de uma aprendizagem mais eficiente e divertida, inclusive no que diz respeito à nossa relação coração-cérebro. Não é, André Cruise?

10

"ACREDITO NA INTELIGÊNCIA COLETIVA COMO BASE DO DESENVOLVIMENTO SOCIOECONÔMICO. SOMOS APENAS A EXPRESSÃO PONTUAL DA SABEDORIA DO UNIVERSO."

MARA LUQUET E vc tem medo de quê? Porque se você faz a gente perder o medo, então você não tem medo de nada?

RUY MARRA Trabalhamos medos saudáveis. O medo é muito importante para nossa sobrevivência.

MARA LUQUET E você tem medo do quê?

RUY MARRA Tenho medo quando o passageiro não corre. Daí surgiu meu interesse em me capacitar melhor para enfrentar isso. Tenho medo da injustiça social. Às vezes necessitamos do autoconhecimento e da introspecção, seguir adiante, rumo ao próximo módulo.

MARA LUQUET Qual o próximo módulo?

RUY MARRA Boa pergunta

MARA LUQUET Que eu não sei responder.

RUY MARRA O autoconhecimento irá responder esta questão. E pode ser divertido!

BEM, ESTAMOS CHEGANDO AO FIM DESTA AVENTURA. OU SERÁ APENAS O COMEÇO?

Quando convidei ao Ruy para escrever este livro comigo, sentia uma necessidade enorme de partilhar o que aprendi e os efeitos que esse aprendizado trouxe para o meu dia a dia. Ruy sempre falou em renascimento, mas, na verdade, acho que o que aconteceu comigo foi um resgate. Consegui, nesses cerca de trinta dias, resgatar o que considero o melhor em mim e que os anos de alta dosagem de estresse tinham acabado por levar embora.

Pense um pouco: o que de melhor em você ficou para trás e que você sente falta? Por que não resgatar isso também? O reencontro com a Mara que eu deixara no passado foi tão bom, que era impossível, sendo jornalista, deixar escondidas as informações que proporcionaram esse resgate. Por isso eu precisava urgentemente escrever.

Mas, você sabe, são poucos, bem poucos, pouquíssimos, acho que meia dúzia de autores que conseguem ganhar dinheiro com livro no Brasil. Por isso, não é simples a tarefa de convencer um autor a dedicar tempo, esse bem tão precioso, para uma empreitada cujo retorno financeiro é pífio.

Mas eu e o Ruy temos um ponto em comum muito forte, que é o amor pelos livros. Esse amor vem da certeza de que eles são poderosos veículos para espalhar conhecimento, partilhar experiências e nos levar a incríveis viagens.

Para convencer o piloto a embarcar nesta aventura, precisei apenas de um telefonema rápido, feito em meio a passos ligeiros pela avenida Paulista, onde eu caminhava para uma reunião. Assim me conectei diretamente com a praia do Pepino, em São Conrado, onde Ruy costuma ficar depois das aterrissagens, bebendo suco verde com seus passageiros. Ele topou antes mesmo que eu completasse o raciocínio e os argumentos que tinha cuidadosamente elaborado para não deixá-lo escapar.

A resposta veio rápida porque há outro ponto que temos em comum: não encaramos o retorno financeiro como a principal âncora de projetos em que nos envolvemos. O retorno vem fundamentalmente do prazer, do encantamento de saber que de alguma forma conseguimos melhorar o dia de alguém. "Sua felicidade é meu alimento emocional", costuma repetir Ruy sempre que alguém chega para agradecer a experiência proporcionada pelo voo e pelo FINE.

Sempre fui uma pessoa leve, com foco nas coisas que realmente importam na vida, que são os relacionamentos, as pessoas. Sempre encarei mesmo os problemas mais difíceis com bom humor, com a tranquilidade que de que conseguiria resolvê-los. A mais pura verdade é que tudo é uma questão de tempo, por isso devemos focar na solução e não no sofrimento.

Vamos deixar para sofrer apenas quando realmente não há outro jeito, quando perdermos nossas pessoas mais queridas, por exemplo. Quando nos sentimos impotentes ao ver uma criança subnutrida puxando nossa mão e pedindo uns trocados. Quando vemos guerras e destruições que nos tocam e nos fazem refletir sobre até quando o planeta resistirá a tantos abusos.

O medo da injustiça social é outro ponto que partilhamos e por isso esta frase dele me chamou tanta atenção: "Poucas são as pessoas que conseguem expressar esse medo." E há menos pessoas ainda que se sensibilizam com isso – não porque sejamos todos cruéis, mas porque muitos se acostumaram a ver a injustiça social como uma cena corriqueira, que já faz parte da paisagem do país.

Por isso, entre todas as ambições deste livro, a maior delas certamente é ter a esperança de que minha experiência e os conhecimentos do Ruy ajudem outras pessoas a se resgatar ou a renascer. Espero que mais pessoas possam finalmente ter mais tempo para o autoconhecimento, que as ajudará a se livrar das culpas e insônias que o estresse inflige.

Essas doenças da atualidade acabam por nos deixar insensíveis às injustiças sociais, porque simplesmente não temos tempo sequer para pensar no assunto. Este, para mim, é o maior prejuízo que todos temos quando nos perdemos pelas pressões diárias: deixar escapar a compaixão e a solidariedade pelo outro, aquele com quem dividimos espaço nesse planeta.

Neste capítulo, o piloto nos ajudará a traçar uma rota para o autoconhecimento. Finalmente conseguirei ouvir dele a resposta que me foi negada até agora: afinal, qual é o próximo módulo?

Lembra aquele campeonato internacional do verão de 1997 que aconteceu na rampa da Pedra Bonita? Lá eu aprendi técnicas eficientes e simples para o treino do foco e da resiliência, levantando às quatro horas da manhã para as práticas de meditação. Eu realizava os exercícios de biopsicologia para equilibrar minha relação cérebro-coração através da respiração específica que contribui para a ativação precisa do sistema nervoso autônomo. Isso colaborava com meu cérebro, para um rápido e certeiro processo decisório. Enfim, eu tinha me preparado durante três meses nesse ritmo monástico para então subir ao pódio do primeiro lugar e projetei minha felicidade nesse campeonato.

Já havia decidido terminar minha carreira como piloto profissional, como disse no capítulo anterior, mas, sinceramente, não esperava que aquele sentimento de plenitude desaparecesse com a fragilidade de uma folha que acabou de se soltar de seu galho no outono. Diante da maior ventania, furiosa com a ingenuidade daquele desperdício de energia depositado em um fundo de investimento denominado "status", minha felicidade tinha se desintegrado, virado pó, na linguagem da bolsa de valores. Minhas ações de felicidade investidas sumiram. Com quem eu poderia reclamar? Quem era o gestor? Existiriam normas nessa bolsa para proteger os ativos do bem-estar?

Evidências científicas sugerem que o sucesso traz um aumento temporário no nível de felicidade de um indivíduo, mas é o foco no bem-estar que fará o caminho inverso. Como diz um antigo texto chinês: "Proeza e fama são como o orvalho da manhã. Riqueza e honra são nuvens passageiras. Vida é um sonho pelo qual todos nós passamos. Lar é onde encontramos paz e conforto."

Quando focamos nossa sensação de felicidade e bem-estar na fama, ou em outros valores extrínsecos, vivenciamos o que o economista Theodore Levit chamou de "miopia de marketing aplicado à gestão de empresas". O que ocorre, segundo o economista, é que uma visão estratégica turva da empresa dificulta seu posicionamento no mercado e pode fazê-la fechar suas portas.

Podemos trazer esse mesmo olhar para o bem-estar, criando o conceito de "miopia da felicidade". É o que acontece quando nosso foco é desviado por milhões de mensagens de anunciantes que associam o estado de bem-aventurança a determinados produtos, status ou fama. Ajustamos nosso ciclo de bem-estar até o lançamento da versão mais nova ou mais moderna de um produto, mesmo que a inovação seja um detalhe no botão de um celular. Dessa forma, entregamos as chaves do nosso departamento de felicidade, juntamente com a senha do cartão de crédito, para todos aqueles que contribuem para transformar o culto ao desejo na motivação da sociedade. Essa estratégia foi inicialmente desenvolvida pelo banqueiro austro-americano Edward Bernays, sobrinho de Freud, que utilizou técnicas da psicanálise para criar uma nova cultura de massa, transferindo a motivação do consumo para um desejo simbólico, o que gera um consumismo impulsivo e não progressivo.

Já sabemos, por meio de muitas pesquisas realizadas em diversas partes do mundo, que o modelo de vida sustentado por pilares como riqueza, estresse, ostentação, egoísmo etc. não estão se mostrando eficazes em nos entregar felicidade. Em boa parte, porque nos roubam bem-estar e saúde física e mental. Mas como reverter esse processo e, principalmente, como estabelecer um novo modelo? Que modelo seria esse?

Os estudos nos mostram que um possível modelo passa pelo altruísmo, pela interação, pela convivência com nosso semelhante. No entanto, o desafio é fazer mais pessoas entrarem nesse debate, para que juntos possamos construir esse novo relacionamento entre homens, natureza, dinheiro, trabalho e bem-estar.

O Instituto Visão Futuro, criado pela dra. Susan Andrews em 1993, tem entre suas metas levar esta ideia a cada vez mais brasileiros. Susan é norte-americana, antropóloga e psicóloga, e resolveu fincar os pés no Brasil para trazer também aos brasileiros os estudos científicos que vêm amparando esta nova filosofia de vida. Sou um dos facilitadores, voluntários do Visão Futuro, que periodicamente realizam workshops interativos para trazer esse conteúdo científico.

Segundo o pesquisador e psicólogo Shawn Achor, da Universidade de Harvard, especialista na investigação da relação entre felicidade e sucesso, 10% da nossa felicidade depende do mundo externo. Os outros 90% dependem exclusivamente da maneira como enxergamos a realidade. Entretanto, pensamentos como "se eu trabalhar muito, vou conseguir tal coisa e então serei feliz" rondam o inconsciente coletivo. O problema é que, quando a pessoa chega "lá" e conquista o que queria, descobre que a tal coisa tão desejada não trouxe a felicidade esperada.

Investir em valores excessivamente materialistas nos traz mais ansiedade, insatisfação, depressão e gera um aumento do uso de drogas, segundo o doutor e psicólogo norte-americano Tim Kasser, da Universidade de Rochester. Isso torna as pessoas mais infelizes e menos inclinadas a ajudar os outros.

Os valores intrínsecos e a prática de um altruísmo genuíno, sem alardes ou propagandas, nos levam a um bem-estar mais duradouro e nos ajudam a construir ativos fundamentados no desenvolvimento pessoal. Isso melhora também a qualidade das relações interpessoais, com vínculos afetivos saudáveis.

O Instituto da Criança, ONG brasileira eleita pela publicação suíça *The Global Journal* como uma das 100 melhores ONGs do mundo e fundada pelos irmãos Pedro, Maria Luiza e Carlos Werneck, começou sua trajetória em 1994, com ações de apoio a crianças e adolescentes que vivem em área de risco. Com o tempo, a organização, que começou assistencialista, se transformou em uma plataforma articuladora de projetos que integram as crianças à sociedade.

Pedro era empresário e preferiu se dedicar ao empreendedorismo social, sensibilizado ao ver na TV o drama de Flordelis, uma mulher que tinha fugido com 37 crianças de rua perseguidas pelos traficantes do local onde moravam. "A felicidade individual não é plena quando alguém ao lado passa necessidade. A vida ganha um sentido extra quando somos úteis e servimos os que precisam de oportunidade. Doar é um ato inverso: recebe-se muito mais do que se oferece", diz Pedro. E é assim que ele justifica sua transição profissional. O curioso é que Pedro conta que, desde que começou com o trabalho na ONG, não se lembra de ter ficado resfriado ou ter tido algum tipo de virose. Seu sistema imunológico está fortalecido, como se fosse um bônus por essa investida iniciada há vinte anos.

Segundo Porges e sua teoria polivagal, tanto a doação quanto o recebimento de cuidado ou de amor têm a capacidade de proteger, curar e restaurar. E os mecanismos que fundamentam esses processos estão se tornando aparentes apenas agora, destaca o cientista. Isso remete também à fala de Flavio Canto, medalhista olímpico e fundador do Instituto Reação, que afirma que se beneficia tanto ou mais que as pessoas impactadas por seu trabalho voluntário.

Nascemos para nos conectar segundo uma estratégia evolutiva. Como somos mamíferos, desenvolvemos estruturas neurofisiológicas para garantir nossa sobrevivência como espécie. Dependemos uns dos outros e, quando estamos em um ambiente seguro, a sociabilidade e a conexão são mais fluidas. Hormônios como a ocitocina e a vasopressina podem estar relacionados a esses processos, podendo influenciar o sistema autônomo e o imunológico.

O cientista e nefrologista da USP dr. Emmanuel Burdmann, em conjunto com o Instituto Visão Futuro, desenvolveu em 2013 um workshop intitulado REDE MED, que teve celebrada aceitação entre os estudantes de medicina. O foco do workshop era gerenciamento do estresse e equilíbrio emocional, através de algumas práticas aqui mencionadas, como meditação, ioga, escuta empática e desenvolvimento de valores humanistas. O objetivo era qualificar o preparo emocional desses futuros profissionais com importância estratégica na sociedade. Paralelamente, foi realizada uma pesquisa com vinte estudantes: dezessete daqueles que praticaram meditação tiveram seus sistemas imunológicos fortalecidos. Além disso, o contato com os pacientes e os relacionamentos significativos com família, amigos e professores são fatores importantes para a qualidade de vida.

Quando eu ia visitar meu pai, que era médico, em sua Clínica da Dor, nos fins de tarde, escutava na sala de espera o som de um piano suave, ora uma bossa nova, um samba clássico ou mesmo o "Bolero de Ravel". Quem passasse por ali poderia pensar que o lugar era uma escola de música, e não uma clínica que abrigava pacientes terminais com câncer ou pessoas que não conseguiam mais caminhar. Pois, acredite, durante essas minhas esperas pude testemunhar pacientes entrarem em macas e saírem andando por suas próprias pernas. O segredo do meu pai? A melodia era executada por ele entre uma sessão de bloqueio ou acupuntura, para que o paciente desfrutasse do sentimento de acolhimento em meio ao concerto terapêutico. Isso já acontecia nos anos 1970. É a percepção da qualidade da conexão na relação médico-paciente para a cura.

O dr. Gregory Fricchione, médico e diretor do Instituto Benson-Henry e da Faculdade de Medicina de Harvard, diz, em seu livro sobre compaixão e cura na medicina, que espiritualidade e amor humanos são evolutivamente ligados ao binômio separação-conexão.

A qualidade das conexões servirá como poderoso amortecedor emocional diante dos eventos estressantes. Quanto mais incondicional e amorosa se caracterizar essa relação, mais resiliência e saúde serão depositadas no seu fundo de investimentos do bem-estar. Mas não me refiro às amizades utilitárias descritas pelo psicólogo Barry Schartz em artigo, como se cada amigo tivesse algo útil e fosse criada uma conta-corrente da amizade. Amizades assim podem aparecer desde a nossa mais tenra idade. Numa tarde em Madagascar (meu condomínio), vi uma cena clássica dessa barganha por um amigo.

– Deixa eu andar na sua motoquinha, deixa? – perguntou Marcelo, de quatro anos, para Mário, que também tinha quatro anos e era o dono do brinquedo.

Diante da firme negativa de Mário, Marcelo repetiu:

– Deixa! Se você não deixar, não serei mais seu amigo!

Desde cedo, os dois estavam negociando a amizade. Ok, Mário e Marcelo tinham só quatro anos. Mas posso apostar que você também pode ver esta cena acontecer com atores com bem mais idade. Nesse caso, desistimos da amizade ou vale o investimento? O senso comum nos diz que devemos nos afastar de amizades interesseiras como essas, mas é isso mesmo? Não estaríamos aí sendo também interesseiros, pois só queremos a convivência daqueles que não nos pedem nada em troca?

Quando não se desenvolve o sentimento de reciprocidade em um relacionamento, podem surgir indícios de aflição e vulnerabilidade, o que pode produzir consequências emocionais como transtornos psiquiátricos, entre eles a ansiedade. Esses fatores influenciam o sentimento de bem-estar e podem causar perda de produtividade e refletir nos seguintes aspectos: prejudicar o trabalho, gerar insatisfação nas relações pessoais, baixa autoestima, fragilização da saúde física e emocional etc. Tudo isso contribui para um processo de desgaste e deterioração do indivíduo, que por sua vez impacta negativamente na sociedade.

Estudos da OMS consideram o excesso de estresse uma epidemia global. Já a depressão é tida como a quarta maior causa de incapacitação, e a projeção é que em 2020 ocupe o segundo lugar no ranking, ficando atrás apenas das patologias relacionadas a obesidade e diabetes.

O contexto atual da sociedade pós-moderna é caracterizado por mudanças profundas em seus diversos aspectos. Nas relações familiares, nota-se uma fragilização dos laços sociais em função da adaptação às contingências do mundo exterior. Pais e mães acabam por se tornar ausentes, abdicando dos seus papéis de modeladores do indivíduo. Nas relações de trabalho, desde 1970 um novo ciclo de estruturação produtiva se caracteriza pela automação, inovação, tecnologia, mudanças de grandes indústrias para países com mão de obra menos qualificada e menos custo de remuneração e fusões de empresas – a chamada reestruturação do capital. A consequência disso é a desestruturação do mercado de trabalho, que era mais estável, regulado pelo Estado e tinha como uma de suas premissas o bem-estar social. Surgem assim outras modalidades nas relações de trabalho: terceirização, jornada parcial, tempo de experiência, por safra ou tempo indeterminado. Dessa forma, a insegurança caracteriza a vida do indivíduo, incapaz de se programar em função da precariedade nas relações de trabalho. Esse novo capitalismo pode influenciar até mesmo o caráter.

Ainda Edward Bernays sustenta seus objetivos assim:

> Devemos fazer com que os norte-americanos passem de uma cultura da necessidade para uma cultura do desejo. As pessoas devem

ser habituadas a desejar, a querer ter coisas novas antes mesmo que as anteriores tenham sido totalmente consumidas. Os desejos do homem devem prevalecer sobre suas necessidades.

É quando o desejo pode gerar violência. No documentário *Notícias de uma guerra particular*, dirigido por João Moreira Salles, um jovem traficante de drogas justifica sua jornada no crime pela necessidade de comprar um tênis de marca para não se sentir excluído da sociedade. Para isso, chegava a roubar. Este é um retrato clássico, mas se engana quem pensa que a transformação do desejo em violência ocorre apenas entre os menos favorecidos.

Arthur Schopenhauer, filósofo alemão do século XIX, definiu bem a riqueza: "É como a água do mar: quanto mais você bebe, com mais sede fica." O filósofo ficaria perplexo ao ver como as pessoas no século XXI, mesmo aquelas que ocupam lugar privilegiado na pirâmide social, estão se embriagando da água salgada de nossos mares de consumo e poder. Isso se reflete em outros segmentos da sociedade, deflagrando a corrupção como meio comum para esse corrosivo porre político e socioeconômico.

Diante desse novo cenário, o ritmo de vida passa a ser ditado pelas novas regras do mercado: o indivíduo é avaliado pelo que consome e não pelos seus valores éticos e morais. Vivemos, assim, em uma sociedade líquida, que tem o consumismo como ordenamento. As relações sociais são condenadas, portanto, à efemeridade e à superficialidade.

* * *

"As pessoas precisam ser escutadas", afirmou o dr. Bessel van der Kolk, em 2013, quando iniciou o workshop internacional sobre neurociência do trauma na Escola Brasileira de Cirurgiões. Na plateia, mais de 150 pessoas, entre psiquiatras, terapeutas, enfermeiros, psicólogos e pesquisadores. Van der Kolk organizou subgrupos de dez pessoas e cada uma era convidada a falar sobre algum evento mágico ou acontecimento especial em sua vida. O porta-voz eleito de cada subgrupo resumia para todos os presentes o que havia escutado. Nossa sensação de segurança está ligada ao cérebro emocional e necessita dessa escuta para, então regulados por ela, seguirmos adiante para ações cognitivas, como participar de um congresso.

Nesse contexto de imprevisibilidade e a partir da globalização, o elemento comum é a informação ou a revolução tecnológica da informação. A rapidez supera antigas fontes de identidade como localidades, projetando novos e não necessariamente reais desejos de consumo, modelando constantemente o pensamento e as emoções do indivíduo. O excesso de estímulos externos e a sobrecarga cognitiva provocam problemas comportamentais e habilidades socioemocionais – tais como empatia, sensação de pertencimento, gratidão e inteligência interpessoal – não encontram campo para germinação e desenvolvimento saudável. Tudo isso gera transtornos psíquicos, como a ansiedade. A bioquímica do corpo sinaliza ou somatiza a ausência ou o desenvolvimento incompleto das relações humanas, promovendo assim conflitos na relação cérebro-coração que podem nos adoecer, entristecer e deprimir.

"Na medicina budista dizemos que a doença é raiva, desejo e ignorância", diz o mestre budista Gyalwa Dokhampa em seu livro, *The Restful Mind*. Quando você fica raivoso, seu batimento cardíaco fica mais acelerado e a sua pressão arterial aumenta. Há uma profunda conexão simbiótica entre o corpo e a mente.

O japonês Satoru Iwata, que foi presidente da Nintendo, começou sua carreira como programador em 1983. Colaborou como produtor com projetos mundialmente bem-sucedidos, como "Earthbound", "Kirby" e "Super Smash Bros". E como executivo, a partir de 2002, na Nintendo, atingiu a incrível marca de 251 milhões de videogames vendidos até 2006. Faleceu vitimado por um câncer no ducto biliar em 2015. Em 2005, Iwata revelou que, em seu cartão de visitas, ele aparecia como presidente corporativo, mas que em sua mente ele seria sempre o desenvolvedor e em seu coração, o jogador.

Nossa relação corpo-mente é integrada e bidirecional, ao contrário da afirmação do filósofo Descartes, que dizia que o pensamento delimitaria os parâmetros do corpo a partir somente do cérebro. A informação que o coração de Iwata recebia, sobre ainda ser um jogador, confrontada com as atribuições e responsabilidades de um megaexecutivo, pode ter trazido consequências danosas para sua saúde.

A Clínica MED-RIO realizou uma pesquisa com mais de 30 mil check-ups em executivos, homens e mulheres, avaliando sintomas decorrentes do estresse crônico. O resultado foi o seguinte: 50% fazem uso de bebidas alcoólicas constantemente, 26% apresentam insônia, 25% têm gorduras sanguíneas, 19% têm hipertensão arterial e 16% têm gastrite.

Plataformas digitais para recrutamento de capital humano – com base no propósito de vida de cada um e não apenas nas habilidades técnicas – são soluções possíveis no caminho dessa integração corpo-mente no trabalho. No Rio de Janeiro, uma empresa de recrutamento por propósitos é a Biz.u, que funciona em um espaço de *coworking* denominado Arca Urbana e tem como filosofia a sigla RH, que significa "reconhecimento humano" e não apenas "recursos humanos".

Reavaliar seus propósitos e adequá-los ao seu trabalho é um grande desafio, mas também uma oportunidade que poderá fazer você economizar até milhares de reais em custos hospitalares, remédios antidepressivos ou terapias.

Somos os gestores dessa conta-corrente do bem-estar. E as atividades que decidimos fazer, pelas quais nos sentimos responsáveis, contribuem de forma fisiológica, emocional e psíquica nessa jornada. Muitas vezes nos esquecemos dessa possibilidade de empoderamento em função do excesso de estímulos externos que recebemos através de uma conexão on-line 24 horas por dia. Isso hiperestimula nosso sistema nervoso simpático (uma espécie de acelerador do carro), fazendo nosso corpo se esquecer dos nossos sistemas de desaceleração ou da ativação do sistema parassimpático – responsável por acionar nossas estruturas neurofisiológicas na direção do relaxamento, proporcionando o equilíbrio do corpo e da mente.

Mara tem algumas pistas sobre a resposta para a pergunta sobre o próximo módulo. Uma delas está fundamentada na epigenética, ciência que se dedica ao estudo da influência de fatores externos, estresse e mesmo hábitos alimentares nos genes. A ingestão de alimentos que contêm diferentes substâncias pode ativar ou não determinados genes. Existem doenças cardíacas que podem ser causadas pela ingestão excessiva, por anos seguidos, de alimentos inapropriados. Substâncias contidas nesses alimentos ativam os genes que provocarão as obstruções nas artérias. Do mesmo jeito, nosso humor pode ser influenciado pelo consumo de brócolis, já que a vitamina B-6 é um gatilho para fabricar a dopamina através da estimulação do gene triptofano hidroxalese, que produz o aminoácido L-triptofano.

Interações sociais podem ser responsáveis pela regulação dos genes em função da alteração bioquímica que os hormônios e os neurotransmissores promovem no corpo. Ou seja, vivências ou experiências sociais também podem acionar genes específicos. Dessa forma, atividades intencionais que coordenam nossos hábitos alimentares, o desenvolvimento de vínculos sociais duradouros, a meditação e os exercícios psicofísicos (como a ioga, tai chi chuan, meditação) poderão moldar o cérebro, que, como uma massa de modelar, vai se modificando constantemente.

Diante do que compartilhamos até aqui em relação às pesquisas científicas, às práticas terapêuticas da ciência para corpo e mente e às histórias reais de transformação, acredito na capacidade ilimitada da humanidade no caminho da evolução. Observei as pessoas diante de uma decolagem a 520 metros de altura, lidando com o medo e a vontade de superar desafios para renascer. Após milhares de relatos espontâneos sobre uma mudança interna se expressando na realidade de cada um, pude observar que o voo fazia as pessoas enxergarem a beleza de que é receber o abraço daqueles quatro amigos: eu, a floresta, o mar e, claro, o vento, que nos leva neste passeio que tem o maior jeito de poema.

Acompanhei algumas dezenas de pessoas ao longo de alguns anos. Aquelas que persistiram em algumas práticas de bem-estar descritas em capítulos anteriores – tais como foco em valores intrínsecos, através do voluntariado ou do desenvolvimento do trabalho em associativismo, reeducação alimentar, práticas de ioga e meditação, desenvolvimento de conexões sociais e de vínculos afetivos mais duradouros – tiveram como retorno estados emocionais e físicos mais fortalecidos e resilientes. A própria aparência física passa a traduzir jovialidade e disposição.

Um estudo liderado por Cliff Saron, da Universidade da Califórnia, investigou o efeito da meditação em uma molécula associada à regulação da longevidade na célula. O resultado sugere que a prática pode retardar o processo de envelhecimento em alguns meditadores.

Quando recebi o convite da Mara para compartilharmos essas informações, esses fatos e essas pesquisas científicas, percebi que deveria seguir e aceitar a proposta. Afinal, o conhecimento vai muito além de um voo. E mesmo que o leitor não experimente nenhuma das práticas descritas, pelo menos terá a possibilidade de fazer escolhas no caminho do bem-estar, amparado por uma rede de pesquisadores, mestres, médicos, jornalistas, laboratórios de neurociência, atletas de alto rendimento e professores, além de todos os protagonistas aqui citados, que destacam práticas e atitudes estudadas e recomendadas pela ciência "corpo/mente". O leitor que desejar se aprofundar mais pode fazer uma busca na internet pelas palavras-chave "body/mind science".

Pouco tempo antes de terminar este livro, voei com Fernando Fernandes. Ele tem uma história inspiradora de superação. Após um acidente de carro, teve uma lesão seríssima na medula que causou a perda dos movimentos das pernas. Isso o obrigou a interromper inesperadamente a rotina de modelo e esportista, figura obrigatória nas festas da agenda brasileira. Sua vida atribulada o fazia peregrinar pelos aeroportos e estradas quase que dia após dia pelos eventos. Eu já o conhecia de um evento do TED Talks na Vila Madalena, de que participamos juntos como palestrantes. Devido à sua personalidade com características positivas, em um mês Fernando já havia direcionado seu foco para metas esportivas que superaram suas fortes dores.

"Familiares e amigos foram muito importantes no dia a dia, pois me serviam de 'combustível' para não deixar 'meu carro afogar'. Passei um mês internado e logo fui para casa, onde fiquei por mais um mês. No terceiro mês, fui para Brasília, no hospital de reabilitação Sarah, onde encontrei pessoas que viviam uma realidade parecida com a minha. Lesões medulares, lesões cerebrais e todo tipo de problemas. Isso me fortaleceu demais, pois pude ver que, por mais difícil que fosse meu problema, ali tinha pessoas com dificuldades bem maiores, lutando com toda garra pela vida. Eu já estava decidido que não iria me entregar, e, quando cheguei lá, tive a certeza de que realmente não me entregaria, e sim que deveria agradecer a Deus pela oportunidade dada. Dei início à fisioterapia e posteriormente aos treinos físicos, mesmo que bem leves. Meu objetivo principal, logicamente, era voltar a andar, porém não iria parar minha vida para esperar este momento, apesar de dar toda a minha dedicação para isso. Iniciei minhas atividades esportivas, como musculação e corridas na cadeira na fisioterapia. Isso me proporcionava um enorme prazer, o fato de poder me superar a cada dia. Foi então que me veio à cabeça a corrida de São Silvestre. Minha trajetória na canoagem se iniciou ainda no centro de reabilitação Sarah, onde utilizávamos o esporte de forma lúdica no processo de reabilitação. Porém, quando me vi sentado em um caiaque no lago Paranoá, com o vento batendo no meu rosto e aquela natureza incrível ao meu redor, aquilo me proporcionou uma sensação de LIBERDADE tão grande. Melhor que isso foi sentir novamente a sensação de CAPACIDADE", conta Fernando.

A partir de então, Fernando se entregou à prática desse esporte como profissional e se tornou o primeiro brasileiro campeão mundial de canoagem da história.

Fica aqui nosso convite, meu e da Mara, para que o leitor experimente, apenas experimente, algumas das práticas dessa ciência. É importante lembrar o efeito transformador da meditação, a criação de uma meta maior (como o Fernando adotou), o poderoso efeito das emoções positivas em situações de estresse, o desenvolvimento de vínculos sociais afetivos (que funciona como uma rede de amparo), o desenvolvimento da personalidade do diamante, a reavaliação dos hábitos alimentares que poderão influenciar em nossos pensamentos e emoções, a respiração (que pode modular nosso movimento e nossos sentimentos). Por último, é importante fazer uma reflexão sobre nosso sistema socioeconômico e avaliar se este realmente possibilita um estado de bem-estar para a sociedade ou apenas para algumas pessoas.

"Devemos tomar consciência de que somos interdependentes e, depois disso, pensar no que podemos fazer para cuidar das coisas das quais dependemos, como o ambiente, as árvores, o ar, a água, as pessoas à nossa volta, o nosso país e todos os seres com quem partilhamos este planeta." É o que conclui o mestre budista Gyalwa Dokhampa. Afinal, a felicidade do planeta é nossa nutrição emocional.

11

EXPERIMENTE.

PRIMEIRO EXPERIMENTE E DEPOIS UTILIZE SEUS ARGUMENTOS PARA NÃO REPETIR A DOSE... SE PUDER FICAR SEM ELA.

ROTOR

AUMENTE O VOLUME DA MÚSICA DE QUE VOCÊ MAIS GOSTA. O SUFICIENTE PARA QUE VOCÊ OUÇA, MESMO ESTANDO NA COZINHA. AÍ, ENTÃO, INICIE O RITUAL.

Coloque no liquidificador a água de um coco, um bom pedaço de gengibre e alguns pedaços da fruta ou das frutas que mais lhe agradam. Bata tudo por alguns minutos. Ao final, polvilhe canela e bata mais um pouco.

Feito o suco, coloque em uma jarra, passando antes por um coador.

Eu posso apostar que muitos outros virão. Você simplesmente não conseguirá mais parar de fazer sucos. E sua imaginação criará receitas incríveis.

Minha primeira vez foi com água de coco, gengibre e maracujá. Hoje faço sucos de tudo o que estiver na geladeira e bebo ao longo do dia.

Ir para a cozinha, assim como voar de asa-delta, estava totalmente fora de questão. Não porque não gostasse de cozinhar, ou de voar, mas porque morria de medo dos dois. Simplesmente sou incapaz de fazer qualquer coisa agradável ao paladar de um ser humano (ao dos animais também, para ser bem franca) e, por algumas vezes, me frustrei, me queimei, me cortei e quase coloquei fogo na casa.

No entanto, aprendi que cuidar da minha alimentação pode ser prazeroso e um grande investimento, para o bolso e para a saúde física e mental. Utilizar alimentos saudáveis é investimento com retorno garantido. Isso porque, quando usamos frutas e legumes da estação, pagamos menos, eles estão sempre mais baratos. Além disso, estamos em contato com alimentos mais saborosos e, portanto, precisaremos de pouco esforço para fazer um prato agradável.

Mas, por favor, não crie muitas expectativas. Pode ter certeza de que você não se tornará um "grand chef". E deixe seus amigos fora disso. Se quiser desfrutar da companhia deles, não os faça passar pela prova de ter que "saborear" seus pratos. Guarde seus dotes culinários para você mesmo.

Sim, você vai descobrir tempo para fazer os sucos, além do seu almoço ou do seu jantar. Por mais disputada que seja sua agenda, o prazer de tocar os alimentos e o tempo dedicado a cuidar de sua própria alimentação trarão muitos benefícios. Você ficará surpreso ao ver como esses minutos em sua vida serão produtivos.

Na base da alimentação que aprendi com Ruy estão os sucos, as saladas, os grãos, as folhas e os legumes, alguns queijos, castanhas, ervas e páprica. Pronto! Você conseguirá fazer combinações incríveis.

Mas vamos deixar que ele mesmo nos conte mais sobre suas receitas.

– Pode mexer comigo, mas não fale sobre minha comida – dizia o simpático e reflexivo Snoopy, beagle criado no *cartoon* "Peanuts".

Snoopy era um cãozinho com personalidade, muito direto nas suas afirmativas, com frases secas. Essa era a forma como expressava seu apego bélico à sua dieta. E é assim que muitos de nós lidam com a comida também.

Pessoalmente, eu pensava que em todas as refeições, até o final dessa vida (ou mesmo se existisse outra), continuaria a me servir de bife com batatas fritas ou frango acompanhado por refrigerante e, assim, meu estômago e eu seríamos felizes para sempre. Até que tivemos nossa primeira discussão (eu e meu estômago), quando fui alertado pelo batimento cardíaco acelerado mediado pelo nervo vago. Era o início da primeira separação. Decidi experimentar alguns sucos e até mesmo saladas. Meu estômago fez as pazes, pelo menos por algum tempo, até que fui convidado para um churrasco na casa de amigos. Diante de tantas insistências, correndo o risco de ser excluído socialmente, aceitei. E o que aconteceu? O batimento cardíaco disparou, mas continuei, pois havia muito mais memórias emocionais empurrando a carne goela adentro do que realmente apetite genuíno, proveniente de uma necessidade fisiológica saudável. Pouco a pouco fui compreendendo que aquela dieta, embora compartilhada nas novelas, nos filmes e nos anúncios, estava me inchando, provocava taquicardia e fazia com que me sentisse letárgico.

Nós nos tornamos a forma como nos emocionamos e não o que pensamos. Nossos hormônios, disparados pelas glândulas e acionados pelas emoções, contribuem para delinear os corpos. A forma como nos relacionamos com a alimentação também pertence à cadeia do bem-estar e é composta por um conjunto de ações intencionais colaborativas.

Nossa rede neuronal pode ser acrescida de novas experiências com novos registros, através das sinapses (plasticidade cerebral). Para criar novos caminhos e possibilidades de escolhas, essa rede necessita de vivências, a fim de ser convencida dos novos hábitos.

Se eu propusesse um projeto radical, incluindo uma nova dieta, provavelmente Mara iria falar:

– Voar ok, mas não opina sobre minha comida.

Dessa forma, respeitando o passo e o tempo, fui sugerindo alguns sucos ou mesmo o risoto de quinoa, que mais adiante o leitor terá a oportunidade de experimentar também.

Teste as receitas, dê uma chance para que seu corpo desfrute de um relacionamento prazeroso e delicioso. Preparar as receitas é uma forma de trazer sua mente para o presente, como uma meditação gastronômica, na qual o mantra é sua qualidade de vida decidida por você mesmo. Antes de desfrutar, convido você também a fechar os olhos, acalmar sua mente e seu coração através da gratidão.

Gratidão é uma emoção positiva poderosa que nos ajuda a estabelecer comunicação eficiente entre o corpo e a mente através do nervo vago. "Quando fica nervoso, você pode não estar fazendo nada, mas seu batimento cardíaco fica mais acelerado e sua pressão arterial aumenta. Há uma profunda conexão simbiótica entre o corpo e a mente", conclui Gyalwa Dokhampa, mestre em filosofia budista pela Universidade Monástica Tango. Portanto, antes de começar suas refeições, o sentimento de gratidão poderá contribuir com a qualidade da sua digestão e o acolhimento dos nutrientes em seu corpo.

RECEITAS

PENSE GRANDE, COMECE PEQUENO E AJA RÁPIDO!

O tecido de organza lisa usado para coar deve medir cerca de 70cm x 70cm.

1. MAÇÃ COM COUVE (DESJEJUM)

Ingredientes:

- 3 maçãs com casca
- 2 folhas de couve-manteiga (orgânica) sem talo
- 300ml de água de coco (opcional)
- Lascas de gengibre a gosto

Bata no liquidificador e depois coe na organza.

2. MAÇÃ, CAPIM LIMÃO, ÁGUA DE COCO, CANELA (PARA DORMIR E SONHAR)

Ingredientes:

- 3 maçãs
- ½ xícara de chá com capim-limão fresco
- 500ml de água ou água de coco
- 1 colher de café com canela

Bata no liquidificador e depois coe na organza.

3. SHAKE DE MAÇÃ E MARACUJÁ COM LEITE DE AMÊNDOAS (MANUTENÇÃO ENTRE AS REFEIÇÕES)

Ingredientes:

- 3 maçãs
- 2 maracujás
- 1 copo de amêndoa hidratada (deixada na água por 12 horas)
- 300ml de água ou água de coco
- Lascas de gengibre
- 1 colher de café de canela

Bata no liquidificador e depois coe na organza.

4. SUCO VERDE DE MANUTENÇÃO

Ingredientes:

- 4 folhas de couve-manteiga (orgânica) sem talo
- 1 batata-doce pequena
- 1 manga (Haden)
- ¼ de abacaxi
- Hortelã a gosto

- Lascas de gengibre (opcional)
- ½ xícara de chá com quinoa germinado (banhado em 3 horas)
- 500ml de água ou água de coco

Bata no liquidificador e depois coe na organza.

5. LIMONADA CORPO-MENTE

Ingredientes:

- 800ml de água
- 2 folhas de couve
- 2 limões com casca
- Lascas de gengibre
- ½ xícara de chá com capim-limão fresco
- 1 colher de café de canela

Bata no liquidificador e depois coe na organza.
Adoce com melado ou agave a gosto.

6. CACAU & CIA (MILK-SHAKE DE CHOCOLATE VIVO)

Ingredientes:

- ½ copo de amêndoas ou castanhas-do-pará hidratadas (deixados na água por 12 horas)
- Água de 1 coco
- 1 colher de café com canela
- 2 copos de 300ml com melancia, melado ou agave a gosto

Bata no liquidificador e depois coe na organza.

7. LIMONADA SUSTENTADA

Ingredientes:

- 2 limões com casca
- 1 inhame ou batata-doce
- Lascas de gengibre
- 1 colher de café com canela
- 800ml de água

Bata no liquidificador e depois coe na organza. Adoce com agave ou melado a gosto.

8. RISOTO DE QUINOA COM FAROFA CROCANTE

Ingredientes (quantidades a gosto):

- Quinoa em grãos germinada (3 horas na água)
- Assafétida (condimento indiano que substitui alho e cebola)
- Rúcula
- Sal do Himalaia ou marinho
- Lascas de amêndoas
- Passas escuras ou brancas (hidratadas por 4 horas – opcional)
- Tomate
- Pistache
- Mostarda com ervas
- 1 copo americano de castanha-do-pará triturada e tostada no forno
- Manjericão fresco
- Outras variações a gosto, como adição de abobrinha ou pimentão orgânico

Após as 3 horas da quinoa na água, coloque 1 xícara de chá com quinoa germinada (ou não germinada) na panela com água (3 xícaras de água para cada xícara de quinoa) e prepare como arroz (estará pronto em 15 ou 20 minutos). Paralelamente, triture a castanha-do-pará e toste-a no forno. Esta será nossa farofa crocante. Quando a quinoa ficar pronta (os grãos aumentarão de volume), adicione os ingredientes. No final, salpique sua farofa crocante sobre o risoto.

9. BARQUINHAS DE ENDÍVIAS

Ingredientes:

- 200g de castanha-de-caju ou amendoim ou grão-de-bico germinado (hidratado na água por 12 horas)
- Assafétida
- Pimenta dedo-de-moça a gosto
- 50ml de suco de limão
- 6 colheres de azeite
- 5 pitadas de sal marinho
- 5 damascos secos ou tâmaras

Coloque os ingredientes no liquidificador. Utilize um soquete para misturar e, após colocar a pasta em um pote de vidro, leve-o à geladeira, pois fica muito mais gostoso no dia seguinte. Recheie suas endívias montando as barquinhas.

10. MUSSE DE CACAU DOS MAIAS

Ingredientes:

- 1 abacate maduro
- ¼ de mamão-da-baía ou formosa
- Canela a gosto
- 8 colheres de sobremesa de cacau orgânico em pó
- Lascas de amêndoas tostadas (devem ser batidas por último para que não se dissolvam)
- Adoce com agave ou melado a gosto.

Coloque os ingredientes no liquidificador e, depois, na geladeira.

Há duas opções de caldas:

a. Calda de frutas vermelhas: cerejas, framboesas e morangos batidos no liquidificador e depois coados na organza.

b. Calda de maracujá batido no liquidificador.

POSFÁCIOS

O RUY MARRA, PILOTO DE ASA-DELTA E PARAPENTE, BIOPSICÓLOGO E PESQUISADOR EM NEUROCIÊNCIA AFETIVA, E A JORNALISTA MARA LUQUET SÃO PESSOAS SONHADORAS QUE, EM UMA LUTA DIÁRIA, VÊM CONQUISTANDO UM ESPAÇO INESTIMÁVEL NO CAMPO DA SAÚDE FÍSICA E MENTAL POR MEIO DAS NEUROTECNOLOGIAS – UMA CIÊNCIA QUE MONITORA O SINAL PSICOFISIOLÓGICO. RUY AJUDA AS PESSOAS A ENFRENTAR, POR MEIO DOS VOOS, SUAS ANGÚSTIAS, MEDOS, ANSIEDADES E EMOÇÕES, TORNANDO-AS ASSIM MENTALMENTE MAIS FORTES. EM UMA DAS SUAS TÉCNICAS, ELE UTILIZA A O BIOFEEDBACK CARDIOVASCULAR, POR MEIO DO QUAL BUSCA-SE O EQUILÍBRIO MENTE-CORPO POR MEIO DA RESPIRAÇÃO.

No seu primeiro voo com o Ruy, Mara descobriu uma fantástica forma de perder o pavor de voar e “superar as marcas deixadas pelos difíceis últimos três anos da minha vida em que experimentei perdas muito dolorosas”. Assim, surgiu a oportunidade de escrever este livro. "(...) Eu e o Ruy temos um ponto em comum muito forte que é o amor pelos livros. Esse amor vem da certeza de que eles são poderosos veículos para espalhar conhecimento, partilhar experiência e nos levar a incríveis viagens."

Os dois têm vidas muito diferentes, mas cada um revela uma jornada inspiradora que nos mostra o quanto a vontade mental pode mudar o nosso destino por meio das escolhas que fazemos diariamente, das nossas motivações intrínsecas, extrínsecas e do entusiasmo. Aliando a neurociência à experiência do voo livre, eles mostram um caminho para enfrentar os que nos desencorajam, dizendo que nossos sonhos são muito difíceis ou perda de tempo.

Quando conheci o Ruy, logo vi que estava conversando com um entusiasta, alguém motivador, com um brilho nos olhos que é difícil não perceber, repleto de projetos e energia para realizá-los. Podemos dizer que, para Ruy a palavra "impossível" não existe no dicionário – ou melhor: ela pode ser substituída por "superação". A partir das nossas conversas, foi realizada uma parceria para o desenvolvimento do software Koan de biofeedback cardiovascular.

Outro diferencial de ambos é a paixão por escrever sobre os benefícios que o voo e os conhecimentos da neurociência podem trazer à nossa saúde mental. Quando Ruy me pediu para escrever um texto sobre um livro que estavam escrevendo, aceitei na hora, sem nem imaginar o conteúdo. Quando recebi os capítulos, percebi que este livro seria um exemplo para muitas pessoas, que através de derrotas e vitórias é possível buscar o equilíbrio mente-corpo.

Os autores mostram que toda força e vontade de buscar mudanças de comportamento das pessoas, em meio a tantas angústias e medos que vivemos, que o incentivo e os estímulos motivacionais necessários para se alcançar o potencial são possívels. E isso tudo através do voo.

Os capítulos deste livro são frutos das experiências que os dois tiveram voando. Trata-se de uma jornada inspiradora, sem nunca deixar de lado a humildade que sempre tiveram em suas almas e no espírito de um "aventureiro do ar" em busca do equilíbrio. Trabalhando nos projetos para alcançar o que queremos, é preciso dedicação e vontade. Então, o que posso concluir é: "Supere-se!" Acredite e lute por seus sonhos. Você pode mudar o seu destino.

Emilio Takase,
pesquisador e coordenador
do Laboratório de Educação
Cerebral da Universidade
Federal de Santa Catarina.

É RARO ENCONTRAR PESSOAS APAIXONADAS POR CONHECIMENTO, QUE VIVEM PARA APRENDER SOBRE A NATUREZA DAS COISAS, DAS MAIS COTIDIANAS ATÉ AS MAIS COMPLEXAS. A ARTE, OS ESPORTES, OS NEGÓCIOS E A CIÊNCIA SÃO AS VIAS PARA ALCANÇAR ESSE OBJETIVO, MAS NÃO SÃO AS ÚNICAS. GENIAL É SABER A MELHOR FORMA DE VIVER. INDEPENDENTEMENTE DOS DESAFIOS, EXISTEM PESSOAS QUE SABEM COMO VIVER, SER FELIZ E COMPARTILHAR ISSO COM OS OUTROS. RUY MARRA É ALGUÉM ASSIM: GENIAL E SEMPRE EM BUSCA DO CONHECIMENTO, ESPECIALMENTE, QUANDO ESTE ENVOLVE AJUDAR AS PESSOAS.

Eu o conheci ao buscar colaboradores para um estudo científico, e acabei descobrindo uma pessoa cheia de sabedoria e histórias de vida. A partir de suas histórias, soube de pessoas, como a Mara Luquet, que experimentaram o efeito do treinamento emocional criado pelo Ruy e que tem beneficiado atletas, profissionais diversos e pessoas comuns em busca de controle do estresse ou melhora da performance.

Ele tem um conhecimento prático das emoções e um domínio do uso de tecnologias que lhe permitem implementá-lo de forma objetiva. Possui o objetivo claro de ajudar as pessoas a conhecerem seus estados emocionais e, além disso, fornece alternativas práticas para mudar o modo como regulamos emoções desagradáveis para favorecer o bem-estar e a saúde, evitando consequências como ansiedade e outros sintomas psicossomáticos persistentes.

Como ele mesmo diz: "Existem outras maneiras de fazer esse treinamento emocional, mas, quando você observa as pessoas se conscientizarem de suas emoções e aprenderem a modular situações de estresse através da tela do computador, essa tecnologia se torna mais uma eficaz prática terapêutica não invasiva."

Nas minhas pesquisas, observo que a regulação emocional favorece mecanismos fisiológicos de resiliência e de proteção contra possíveis doenças e desequilíbrios psíquicos. O treinamento emocional desenvolvido pelo Ruy e os resultados descritos pelas pessoas que já o experimentaram dão a gratificante sensação de que a ciência pode ser incorporada à vida prática complementando saberes cotidianos.

O trabalho do Ruy é inspirado na ciência, nas suas diversas experiências de vida e na forma de ele levar a vida com a leveza e a perspectiva próprios dos pássaros. Ele soube observar a relação entre emoção e movimento durante os voos duplos e descobriu cedo que a neurofisiologia revela muito sobre a relação mente-corpo. Esta descoberta lhe inspirou a estudar mais sobre biopsicologia e neurociência do sistema nervoso autônomo para, enfim, dar forma ao treinamento emocional que criou e que utiliza tanto nos voos como nas consultorias que a sua empresa Superar desenvolve.

Ler este livro é como conhecer o próprio Ruy, é voar além do senso comum.

Tiago Arruda Sanchez,
físico e neurocientista, professor-adjunto
da Faculdade de Medicina da UFRJ,
laboratório de neuroimagem.

REFERÊNCIAS BIBLIOGRÁFICAS

CAPÍTULO 1

DAVIDSON, Richard J.; IRWIN, William. The Functional Neuroanatomy of Emotion and Affective Style. In: Trends in Cognitive Sciences. Canadá: Cell Press. Volume 3. 1999. p.11-21.

EKMAN, Paul. *A linguagem das emoções*. São Paulo: Editora LeYa Brasil, 2011.

JERATH, R.; CRAWFORD, M.W.; BARNES, V.A.; HARDEN, K. *Self-regulation of Breathing as a Primary Treatment for Anxiety*. Appl Psychophysiol Biofeedback. Junho de 2015, 107-15.

LUZES, Eleanor. "Projeto Mães gestantes em Bangkok". Disponível em: www.cienciadoiniciodavida.org, acessado em maio de 2015.

MACLEAN, Paul. *The Triune Brain Evolution Paleocerebral*. Nova York: Springer Publishing, 1990.

SERVAN-SCHREIBER, David. *Curar o stress, a ansiedade e a depressão sem medicamento nem psicanálise*. São Paulo: Sá Editora, 2004.

VERNY, Thomas. *A vida secreta das crianças antes de nascer*. São Paulo: Editora C.J. Salmi, 1989.

CAPÍTULO 2

BADER, Heather N.; BIERER, Linda M.; LEHRNER, Amy; et al. *Maternal Age at Holocaust Exposure and Maternal PTSD Independently Influence Urinary Cortisol Levels in Adult Offspring*. Front Endocrinol (Lausanne). 4 de julho de 2014.

DAVIDSON, Richard J.; LUTZ, Antoine. *Buddha's Brain: Neuroplasticity and Meditation.* IEEE Signal Process Mag. 1° de janeiro de 2008.

DUNCAN, Larissa G.; COATSWORTH, J. Douglas; GREENBERG, Mark T. "A model of Mindful Parenting: Implications for Parent-Child Relationships and Prevention Research." In: *Clinical Child and Family Psychology Review.* 2005, vol. 12, n.3, p. 255-270.

FRANCIS, Richard. *Epigenética*: como a ciência está revolucionando o que conhecemos sobre hereditariedade. Rio de Janeiro: Editora Zahar, 2015.

KLENGEL, T.; DIAS, B.G., RESSLER, K.J. *Models of Inter and Transgenerational Transmission of Risk for Psychopathology in Mice.* Neuropsychopharmacology. 18 de agosto de 2015.

CAPÍTULO 3

GOODE, Caron. *Nurture Your Child's Gift:* Inspired Parenting. Chicago: Atria Books, 2001.

LOWEN, Alexander. *O corpo em terapia:* a abordagem bioenergética. São Paulo: Editora Summus, 7. ed., 1977.

PORGES, Stephen W. *Teoria polivagal:* fundamentos neurofisiológicos das emoções, apego, comunicação e autorregulação. São Paulo: Editora Senses, 2012.

ROCCO, Patrícia Rieken; MACEDO, Zin-Walter Araujo. *Fisiologia respiratória aplicada.* Rio de Janeiro: Editora Guanabara, 2009.

CAPÍTULO 4

ANDREWS, Susan. *A ciência de ser feliz.* São Paulo: Editora Ágora, 2011.

DAVIDSON, Richard J. et al. "Alterations in brain and immune function produced by mindfulness meditation". *Psychosomatic medicine.* 2003, p. 564-570.

LEDOUX, Joseph. *O cérebro emocional.* Rio de Janeiro: Editora Objetiva, 2011.

PERT, C.B. *Molecules of emotion.* Nova York: Schribner Publishing, 1997.

Workshop sobre "Trauma, Memória e Restauração do Self", realizado em maio de 2013 na Escola Brasileira de Cirurgiões, no Rio de Janeiro.

CAPÍTULO 5

AVERY D.H.; KOURI M.E.; MONAGHAN K.; et al. "Is dawn simulation effective in ameliorating the difficulty awakening in seasonal affective disorder associated with hypersomnia?". In: *J Affect Disord.* 2002. Maio, p. 231-6.

GRIPPO, A.J.; TRAHANAS, D.M.; ZIMMERMAN, R.R.; PORGES S.W.; CARTER, C.S. "Oxytocin Protects Against Negative Behavioral and Autonomic Consequences of Long-Term Social Isolation". *Psychoneuroendocrinology.* 2009. p. 1542-53.

KOK, B.E.; COFFEY, K.A.; COHN, M.A.; et al. "How Positive Emotions Build Physical Health: Perceived Positive Social Connections Account for the Upward Spiral Between Positive Emotions and Vagal Tone". *Psychol Sci.* 1º de julho de 2013, p.1123-32.

MOORE, R.Y. "Neural Control of the Pineal Gland". *Behavioural Brain Research*, n. 73, p. 125-130.

PARKER, Karen, et al. "Prospective Investigation of Stress Inoculation in young monkeys". *Archives of General Psychiatry 61.* 2004, pp. 933-41.

Seminário Music as Medicine: apresentado em 14 de abril de 2015 na Harvard Medical School, no centro de conferências Joseph B. Martin, sobre o impacto da música de diferentes dimensões para tratamento medicinais inclusive sobre o impacto sobre as emoções.

STANBURY, K.; GUNNAR, M.R. "Adrenocortical Activity and Emotion Regulation". In: FOX, N.A. (ed.). "Emotion Regulation: Behavioral and Biological Considerations". *Monograph of the Society for Research in Child Development.* 1994. Dezembro, p. 108-134.

CAPÍTULO 6

CARPENTER, Thomas P.; CARLISLE, Robert D.; TSANG, Jo-Ann. "Tipping the scales: Conciliatory behavior and the morality of self-forgiveness". *The Journal of Positive Psychology: Dedicated to furthering research and promoting good practice.* 2014, volume 9, artigo 5.

FRANKL, Viktor Emil. *Em busca do sentido.* Rio de Janeiro: Editora Vozes, 2009.

PULCU, E.; ZAHN, R.; MOLL, J.; et al. "Enhanced subgenual cingulate response to altruistic decisions in remitted major depressive disorder". *Neuroimage Clin.* 21 de abril de 2014, p. 701-10.

CAPÍTULO 7

AMES, B.A. "Micronutrients Prevent Cancer and Delay Aging". *Toxical Lett.* 1998, n. 102-103, p. 5-18.

AMES, B.A.; WAKIMOTO, P. "Are Vitamin and Mineral Deficiencies a Major Cancer Risk?". *Nat Rev Cancer.* 2002, n. 2, p. 694-704.

BAUER, Brent. "What is wheatgrass, and should I add it to my smoothies for better health?". Disponível no site:http://www.mayoclinic.org/healthy-lifestyle/nutrition-and-healthy-eating/expert-answers/wheatgrass/faq-20058018.

PERT, C.B. et al. "The Psychosomatic Network: Foundations of Mind-Body Medicine". *Alternative Therapies in Health and medicine.* 1998, n. 4, p. 30-41.

ROGERS, Richard C.; MCTIGUE, Dana M.; HERMANN, Gerlinda E. "Vagal Control of Digestion: Modulation by Central Neural and Peripheral Endocrine Factors." *Neuroscience & Biobehavioral Reviews.* 1996, volume 20, artigo 1, p. 57-66.

SASCO, Annie J.; LOWENFE, Albert B.; DE JONG, Pieternel Pasker. "Review article: Epidemiology of male breast cancer. A Meta-Analysis of Published Case-Control Studies and Discussion of Selected Aetiological Factors". *International Journal of Cancer.* 20 de fevereiro de 1993, volume 53, artigo 4, p. 538-549.

SERVAN-SCHREIBER, David. *Curar o stress, a ansiedade e a depressão sem medicamento nem psicanálise.* São Paulo: Sá Editora, 2004.

WEIL, Andrew. *True Food: Seasonal, Sustainable, Simple, Pure.* Londres: Editora Little, Brown and Company, 2014.

CAPÍTULO 8

WELL, Andrew. "The Physical Basis of Emotion". *Psychological Review,* 1994, n. 101, p. 205-210. Disponível em: <http://books.google.com.br/books?hl=pt-BR&lr=&id=jQJd54yVWqMC&oi=fnd&pg=PA5&dq=+The+principles+of+Psychology&ots=VeUd1FroHG&sig=8uT5Rhzsv9RMAw9ec8x-N6Cz7uE#v=onepage&q=The%20principles%20of%20Psychology&f=false>.

ANDREWS, Susan. *A ciência de ser feliz.* São Paulo: Editora Ágora, 2011.

CAMELO, Gonzaga L. *Efeitos da meditação prânica sobre o bem-estar físico e emocional e praticante recentes.* Disponível em: <http://hdl.handle.net/10482/9359>.

DAMÁSIO, A. *O livro da consciência:* a construção do cérebro consciente. Lisboa: Editora Círculo dos Leitores, 2010.

DAVIDSON, Richard J.; et al. "Alterations in Brain and Immune Function Produced by Mindfulness Meditation". *Psychosomatic medicine,* 2003, n. 65, p. 564-570.

GROSSMAN, P.; NIEMANN, L.; SCHMIDT, S.; WALACH, H.J. "Mindfulness-Based Stress Reduction and Health Benefits". *A meta-analysis. Psychosom Res.* 2004, julho, n. 57, p. 35-43.

JACOBS, T.L.; et al. "Self-reported Mindfulness and Cortisol During a Shamatha Meditation Retreat". *Healthy Psychol.* 2013, outubro, n. 32, p. 1104-9.

JAMES, W. *The Principles of Psychology.* Cambridge, MA: Harvard University Press, 1981.

LEWIS, David. *One Minute Stress Management.* Londres: Vermilion Publishing, 2000.

MILLER, Lisa J. *The Oxford Handbook of Psychology and Spirituality.* Oxford: Oxford University Press, 2012.

OLIVA, A.; DIAS, P. "Plástica sináptica: natureza e cultura modelando o self. Psicologia: Reflexão Crítica". Rio de Janeiro: Universidade do Estado do Rio de Janeiro & Universidade Federal do Rio de Janeiro, 2009, v. 22, n. 1, p. 128-135.

ORTEGA, F. "Neurociências, neurocultura e autoajuda cerebral". *Comunicação Saúde Educação*, 2009, volume 13, n. 31, p. 247-260. Disponível em: <http://www.scielo.br/pdf/prc/v22n1/17.pdf>.

PORGES, Stephen W. *Teoria polivagal:* fundamentos neurofisiológicos das emoções, apego, comunicação e autorregulação. São Paulo: Editora Senses, 2012.

SCHWARTZ, J.M. BEGLEY, S. *The Mind & The Brain:* Neuroplasticity and The Power of Mental Force. Nova York: HarperCollins, 2002. Disponível em: <http://psycnet.apa.org/psycinfo/2002-18935-000>.

URURAHY, Gilberto; ALBERT , E. *O cérebro emocional.* Rio de Janeiro: Editora Rocco, 2005.

VESTERGAARD-POULSEN, P.; VAN BEEK, M.; SKEWES, J.; et al. "Long-term Meditation is Associated with Increased Gray Matter Density in the Brain Stem". *Neuroreport*, 2009, n. 20, p. 170-174.

WEILLER, C.; RIJNTJES, M. "Learning, Plasticity, and Recovery in the Central Nervous System". *Exp. Brain Res.*, 1999, volume 128, n. 1-2, p.134-8.

CAPÍTULO 9

ARMOUR, J.A. (Org.). "Anatomy and Function of the Intrathoracic Neurons Regulating the Mammalian Heart". *Reflex control of the circulation.* Flórida: CRC Press, 1991.

ARMOUR, J.A.: "Ardell", *J.Neurocardiology.* Nova York: Oxford University Press, 1994.

BANHATO, E.F.C.; NASCIMENTO, E. "Função executiva em idosos: um estudo utilizando subtestes da Escala WAIS-III". *Psico-USF*, 2007, n. 12, p. 65-73.

DAVIDSON, J.K.T. et al. "Alternations in brain and immune function produced by mindfulness meditation". *Psychosomatic Medicine.* 2003, n. 65, p. 564-570.

GERSHON, M.D. "The Enteric Nervous System: A Second Brain". *Hospital Practice.* 1999, n. 7, p. 31-32, 35-38, 35-38, 41-42.

GOSWAMI, Usha. "Neuroscience and education". *British Journal of Educational Psychology.* 2004, março, volume 74, artigo 1, p. 1-14.
KOELSCH, Stefan; ENGE, Juliane; JENTSCHK, Sebastian. "Cardiac Signatures of Personality". In: *Journal Plos One.* Publicado em 21 de fevereiro, disponível em 201D10.1371/journal.pone.0031441
KREIBIG, Sylvia D. "Autonomic Nervous System Activity in Emotion: A Review". *Biological Psychology,* 2010, julho, volume 84, artigo 3, p. 394-421.
PABAYO, R.; KAWACHI, I.; GILMAN, S.E. "US State-level income inequality and risks of heart attack and coronary risk behaviors: longitudinal findings". *International Journal of Public Health.* 2015, julho, n. 60, p. 573-88.
PORGES, Stephen W. *Teoria polivagal:* fundamentos neurofisiológicos das emoções, apego, comunicação e autorregulação. São Paulo: Editora Senses, 2012.
SANCHEZ, Tiago Arruda. "Regulação emocional pela atenção: um estudo de neuroimagem por ressonância magnética funcional". Biblioteca Digital de Teses e Dissertações da USP. Data de publicação: 23/08/2010.
STANBURY, K.; GUNNAR, M.R. "Adrenocortical Activity and Emotion Regulation". In: FOX, N.A. (Ed.). "Emotion Regulation: Behavioral and Biological Considerations". Monograph of the Society for Research in Child Development, 1994, n. 12, p. 108-134.

CAPÍTULO 10

ARCHOR, Shawn. *The Happiness Advantage:* The Seven Principles of Positive Psychology That Fuel Success and Performance at Work. Nova York: Crown Business Publishing, 2010.
BERNAYS, Edward. *Propaganda* . Flórida: Ig Publishing, 2004.
DOKHAMPA, Gyalwa. *The Restful Mind.* Londres: Hodder & Stoughton, 2013.
FRANCIS, Richard C. *Epigenética:* como a ciência está revolucionando o que sabemos sobre hereditariedade. Rio de Janeiro: Zahar, 2015.
FRICCHIONE, Gregory L. *Compassion and Healing in Medicine and Society:* On the Nature and Use of Attachment Solutions

to Separation Challenges. Baltimore: The Johns Hopkins University Press, 2011.

JACOBS, T.L.; EPEL, E.S.; LIN, J.; et al. "Intensive meditation training, immune cell telomerase activity, and psychological mediators". *Psychoneuroendocrinology*. 2011, junho, n. 36, p. 664-81.

KASSER, Tim. *The High Price of Materialism*. Cambridge/Massachussetts: MIT Press, 2002.

SCHWARTZ, Barry. *O paradoxo da escolha:* por que mais é menos. São Paulo: Editora A Girafa, 2007.

SHAN, Kwong Khuen. *O gato filósofo*. São Paulo: Estação Liberdade, 2015.

URURAHY, Gilberto; ALBERT, E. *O cérebro emocional*. Rio de Janeiro: Editora Rocco, 2005.

ZANESCO, A.P.; KING, B.G.; MACLEAN, K.A.; SARON, C.D. "Executive control and felt concentrative engagement following intensive meditation training." *Frontiers in Human Neurosciense*. 2013, setembro, n. 7, p. 566.

SITES

http://www.fernandofernandeslife.com/

http://institutodacrianca.ning.com/

http://www.institutoreacao.org.br/

http://www.vemser.org.br/

http://sintonizandocriancas.blogspot.com.br/2014/07/conheca-mais-sobre-o-trabalho-de-ale.html.